Heidemarie Weiss

Lernen im Web 2.0: das Beispiel Fremdsprachenunterricht

Diplomica® Verlag GmbH

Weiss, Heidemarie: Lernen im Web 2.0: das Beispiel Fremdsprachenunterricht, Hamburg, Diplomica Verlag GmbH 2010

ISBN: 978-3-8366-8900-7
Druck: Diplomica® Verlag GmbH, Hamburg, 2010

Bibliografische Information der Deutschen Nationalbibliothek:
Die Deutsche Nationalbibliothek verzeichnet diese Publikation in der Deutschen Nationalbibliografie; detaillierte bibliografische Daten sind im Internet über http://dnb.d-nb.de abrufbar.

Die digitale Ausgabe (eBook-Ausgabe) dieses Titels trägt die ISBN 978-3-8366-3900-2 und kann über den Handel oder den Verlag bezogen werden.

© Diplomica Verlag GmbH
http://www.diplomica-verlag.de, Hamburg 2010
Printed in Germany

Inhaltsverzeichnis

Vorwort   iii

Kurzfassung   iv

Abstract   v

1 Einleitung   **1**
  1.1 Ausgangsbasis 1
  1.2 Zielsetzung 2
  1.3 Aufbau der Arbeit 2

2 Humanistische Pädagogik   **4**
  2.1 Grundlegende Prinzipien 4
  2.2 Themenzentrierte Interaktion 6
    2.2.1 Einleitung 6
    2.2.2 Axiome 8
    2.2.3 TZI - Dreieck 10
    2.2.4 Postulate 16
    2.2.5 Hilfsregeln 18
    2.2.6 TZI - Haus 21
    2.2.7 TZI in der Praxis 22

3 Formen des Lernens   **23**
  3.1 Lernen als Wissensaneignung 24
  3.2 Persönlich bedeutsames Lernen 25
  3.3 Grundlegende Unterschiede 25

4 Web 2.0   **29**
  4.1 Was ist Web 2.0? 29
  4.2 Web 2.0 Dienste 31
    4.2.1 Blogs 31
    4.2.2 Podcasts 33
    4.2.3 Wikis 35
    4.2.4 Soziale Netzwerke 36

      4.2.5   Social Bookmarking 37

      4.2.6   Foto- und Videosharing 37

  4.3   Prinzipien 37

  4.4   Produsage 41

  4.5   Participatory culture 42

  4.6   Persönlich bedeutsames Lernen mit Web 2.0 44

5 Konzeption   47

  5.1   Ausgangslage 47

  5.2   Auswahl der Anwendung 49

  5.3   Program Logic Map 51

  5.4   Handlungsleitende Fragen 55

6 Szenario   56

  6.1   Beschreibung des Szenarios 56

  6.2   Einsatzgebiet 60

  6.3   Program Logic Map 60

7 Ergebnisse   64

  7.1   Ergebnisse der Studentenbefragung 64

      7.1.1   Welche offenen Fragen stellen sich von den Antworten

              der Studierenden? 69

  7.2   Ergebnisse der offenen Fragen 69

  7.3   Program Logic Map 71

8 Abschließende Reflexion   74

  8.1   Reflexion der Handlungsleitenden Fragen 74

A Interviews   76

  A.1 Interviewleitfaden 76

      A.1.1   Fragen an den Professor 76

      A.1.2   Fragen an die Zielgruppe 77

  A.2 Dokumentation der Interviews 78

      A.2.1   Befragung des Professors 78

      A.2.2   Befragung der Zielgruppe 80

Literaturverzeichnis   141

Vorwort

„Erkläre mir, und ich werde vergessen. Zeige mir, und ich werde
mich erinnern. Beteilige mich, und ich werde verstehen" Konfu-
zius, (551 - 479 vor Chr.), chinesischer Philosoph

Kurzfassung

In den letzten beiden Jahrzehnten fand eine große Veränderung beim Erlernen von Fremdsprachen statt. Der Fokus setzt sich derzeit auf unterschiedliche Wahrnehmung wie Reaktionen des einzelnen Lernenden und des
Klassenzimmers und somit stellt sich implizit die Frage nach den persönlichen, sozialen und kulturellen Identitäten im Prozess des Erlernens einer
Fremdsprache.

Die Wahl des Lernenden welche Texte, welche Aufgaben, welche Anwendungen eine persönliche Bedeutung spielen, fordert die Erforschung der Grundlagen für diese Entscheidungen und diese Schwerpunktthemen.

Diese Studie untersucht Möglichkeiten des persönlich bedeutsamen Lernens
in der Web 2.0 Ära. Web 2.0 Anwendungen gewinnen wachsendes Interesse
und decken eine breite Palette von visuellen Hinweisen. Lerner-Zentrierter
Unterricht, konversationelle Interaktion und das Potential der sozialen Netzwerke kann genutzt werden, um den Anforderungen von Studenten gerecht
zu werden.

Diese Studie gibt einen Überblick über die Nutzung von Web 2.0 Anwendungen unter dem Aspekt der Themenzentrierten Interaktion nach Ruth Cohn
und spiegelt wichtige Merkmale des „Next Generation Learning" wider.

Abstract

Within the last two decades a big change in foreign language learning happened. Currently the focus concentrates on the different perceptions such as the responses of the individual learner and the classroom. As a consequence we now face the question of personal, social and cultural identities in the process of learning a foreign language.

The learner is choosing the texts, tasks and applications that have a personal importance and this calls for a research of the basis for these decisions and these main topics.

This report determines possibilities of the personal and important learning in the Web 2.0 era. The interest in Web 2.0 applications is constantly growing and covers a wide range of visual details. Classes oriented on the learner, conversational interaction and the potential of the social networks can be utilized to meet the requirements of the students.

With emphasis on the theme-centered interaction according to Ruth Cohn this dissertation provides an overview of the utilization of Web 2.0 applications and reflects important characteristics of „Next Generation Learning".

Kapitel 1

Einleitung

In den letzten beiden Jahrzehnten fand eine große Veränderung beim Erlernen von Fremdsprachen statt. Der Fokus setzt sich derzeit auf unterschiedliche Wahrnehmung wie Reaktionen des einzelnen Lernenden und des Klassenzimmers und somit stellt sich implizit die Frage nach den persönlichen, sozialen und kulturellen Identitäten im Prozess des Erlernens einer Fremdsprache.

1.1   Ausgangsbasis

In den letzten Jahren ist im Internet ein Trend in Richtung Web 2.0 Anwendungen zu beobachten. Wikis, Blogs und Foren sind weit verbreitet. Für viele Menschen sind diese Begriffe jedoch ein Fremdwort und sie können sich nichts darunter vorstellen. Eine der größten Herausforderungen dabei ist es, mit den aufkommenden Veränderungen Schritt zu halten.

Die Wahl des Lernenden welche Texte, welche Aufgaben, welche Anwendungen eine persönliche Bedeutung spielen, fordert die Erforschung der Grundlagen für diese Entscheidungen und diese Schwerpunktthemen.

Persönlich bedeutsames Lernen ist das Schlüsselwort zum Erfolg, denn erst wenn das Lernen persönlich bedeutsam ist, kann es auch erfolgreich sein. Von dieser These geht auch die Themenzentrierte Interaktion (TZI) nach Ruth Cohn, aus. Unter TZI versteht man eine pädagogische Haltung die sich ganzheitlich am Menschen orientiert. Nicht nur der Mensch steht im Vordergrund, sondern ein Gleichgewicht zwischen dem ICH, dem WIR und dem UMFELD wird angestrebt.

Derzeit wird die TZI erfolgreich für Gruppen- und Lernprozesse eingesetzt die persönlich stattfinden. Durch einen wachsenden Trend in Richtung Web 2.0 stellt sich nun die wesentliche Frage ob die TZI auch für den Einsatz dieser Anwendungen geeignet ist.

Diese Studie gibt einen Überblick über die Nutzung von Web 2.0 Anwendungen unter dem Aspekt der Themenzentrierten Interaktion nach Ruth Cohn und spiegelt wichtige Merkmale des „Next Generation Learning" wider.

1.2 Zielsetzung

Ziel dieser Arbeit ist die Entwicklung eines Szenarios unter Einsatz einer Web 2.0 Anwendung. Einflüsse der TZI runden die Konzeptionisierung ab. Das Szenario wird im laufenden Unterricht an der Universität von Tolima eingesetzt und soll aufzeigen, ob persönlich bedeutsames Lernen auch im Web 2.0 stattfinden kann.

Es wird dargestellt, welche Einflüsse der TZI auf Web 2.0 Anwendungen umsetzbar sind und ob sich diese positiv auf den Lernerfolg der Studenten auswirken können. Diese Arbeit behandelt folgende Fragen:

- Was kann die TZI für dieses Szenario bieten?

- Können Störfaktoren gemeinsam in der Gruppe beseitigt werden?

- Fördert oder behindert der Einsatz von Web 2.0 Anwendungen ein TZI Szenario?

- Kann mit Einbindung von Web 2.0, persönlich bedeutsames Lernen im Unterricht gefördert werden?

Es werden Ideen aufgezeigt wie Web 2.0 Anwendungen mit Aspekten der TZI miteinander verknüpft werden können und deren Auswirkungen auf den laufenden Unterricht dargestellt.

1.3 Aufbau der Arbeit

Der Aufbau dieser Arbeit wird in folgenden Abschnitten erläutert:

- Kapitel 2: Humanistische Pädagogik
  Der erste Teil der Arbeit behandelt die theoretischen Grundlagen die zur späteren Konzeptionserstellung für das Szenario eingesetzt werden. In den dazugehörigen Unterkapiteln werden die grundlegenden Prinzipien sowie auch die Themenzentrierte Interaktion dargestellt und fachliche Begriffe definiert.

- Kapitel 3: Formen des Lernens
Dieses Kapitel beschäftigt sich mit Lernen als Wissensaneignung und mit dem persönlichen bedeutsamen Lernen. Die grundlegendsten Unterschiede sind im Punkt 3.3 angemerkt.

- Kapitel 4: Web 2.0
In diesem Kapitel geht es um ein grundlegendes Verständnis von Web 2.0. Eine erste Begriffserklärung gibt Aufschluss darüber was sich eigentlich hinter dem Begriff versteckt. Anwendungen wie Wikis, Blogs und Podcasts werden in den Unterkapitel näher beschrieben und geben somit Einblick in die Welt des Web 2.0.

- Kapitel 5: Konzeption
Kapitel 5 widmet sich der Konzeption eines konkreten Szenarios, wie eine Web 2.0 Anwendung im Laufenden Unterricht eingesetzt werden kann, anhand einer Program Logic Map.

- Kapitel 6: Szenario
Das Kapitel 6 kommentiert das durchgeführte Szenario und beschreibt die eingetroffenen Unterschiede in Bezug auf die vorhergegangene Konzeption.

- Kapitel 7: Ergebnisse
In diesem Kapitel werden die Ergebnisse des Szenarios dargestellt welche mittels Befragungen festgestellt wurden. Nicht nur die Sicht der Studenten sondern auch die Sicht anhand der Durchführung wird kommentiert.

- Kapitel 8: Abschließende Reflexion
In Kapitel 8 werden die Antworten der Handlungsleitenden Fragen dieser Studie dargestellt und reflektiert.

Kapitel 2

Humanistische Pädagogik

2.1 Grundlegende Prinzipien

Humanistische Pädagogik ist ein Sammelbegriff für verschiedenste Ansätze die sich mit dem Thema „persönlich bedeutsames Lernen" beschäftigen. Lebenslanges Lernen und Wissen ist ein unverzichtbarer Faktor des wirtschaftlichen und privaten Erfolges. Jedes Jahr, jeden Monat gibt es neues Wissen, und der Mensch lernt. Hobmair (2002) beschreibt die Humanistische Theorien folgendermaßen [12]:

> Humanistische Theorien gehen von der Annahme aus, dass der Mensch danach strebt, die eigene Persönlichkeit zu entwickeln und sich selbst zu verwirklichen. Der Mensch ist bestrebt, seine eigenen Fähigkeiten und Möglichkeiten zu entfalten. Dabei wird davon ausgegangen, dass er seine Lebensbedingungen und seine Umwelt aktiv selbst gestalten und bewusst über die Möglichkeiten seines Handelns entscheidet. (S. 383)

Durch die humanistische Psychologie entwickelt, fanden immer mehr verschiedene therapeutische Ansätze auch in der Pädagogik Anregung. Jedoch stehen hier nicht die therapeutischen Ansätze im Vordergrund, sondern vielmehr die Pädagogischen wie Lernen, Erziehen und Bildung.

Volker Buddrus fasst die wichtigsten Charakteristika folgendermaßen zusammen [4]:

- Die pädagogischen Bemühungen richten sich immer an den ganzen Menschen in seiner konkreten persönlichen Gestalt. Dies bedeutet das Berücksichtigen von mentalen, emotionalen, seelischen und körperlichen Voraussetzungen und Befindlichkeiten sowohl im Ansatz wie im Prozess.

4

- Die Zielpersonen werden als Menschen angesehen, die sich in persönlichen Wachstumsprozessen befinden und aus ihrer eigenen Mitte und Befindlichkeit sowie aus ihren bereits entwickelten Möglichkeiten heraus an den Wachstumsangeboten teilnehmen. Das Lernangebot wird von ihnen selbst aktiv mit ihrem Entwicklungsstand verknüpft oder auch nicht.

- Alle für den Wachstumsprozess erforderlichen Voraussetzungen sind bei den Lernenden schon vorhanden, müssen z. T. aber erst entborgen werden. „Werde, was Du bist".

- Die PädagogInnen stellen einen Entwicklungskontext und konkrete Handlungssituationen für bestimmte exemplarische Lernprozesse und deren reflexiver Bearbeitung zur Verfügung sowie ihr Angebot zur Strukturierung der Lernprozesse und zur Begleitung bei Lernproblemen.

- Die PädagogInnen nehmen an den Lernprozessen der Lernenden teil aufgrund eigener vorausgehender Erfahrungen mit dem Gegenstand und unter Einbringen selektiver Authentizität.

- Die Qualität der Vermittlung und die Wirksamkeit der Methoden wird in engem Zusammenhang mit dem persönlichen Wachstum der PädagogInnen gesehen. „Die Pädagogin lehrt vornehmlich, was sie ist und was sie wird."

- Professionalität, persönliches Wachstum und ein wachsender Fundus von Methoden und Theorien ersetzen das vormals bei wirkungsvollen PädagogInnen erforderliche Charisma, oder zumindest ergänzen sie es. Humanistische Pädagogik wird stärker lernbar. (S. 386 f.)

Nach Buddrus (1996) können der Humanistischen Pädagogik derzeit folgende Ansätze zugeordnet werden: Themenzentrierte Interaktion, Gestaltpädagogik, Psychodrama, Psychosynthese, Personenzentrierte Gesprächsführung, Transaktionsanalyse, Suggestopädie, Edukinestetik, Lehrkunstdidaktik, aber auch Neuro-Linguistisches-Programmieren, sowie Sokratische Mäeutik.[1]

Humanistischer Pädagogik ist keine Richtlinie, vielmehr eine alternative Form der Lehrens und Lernens mit unterschiedlichen Ansätzen und Konzepten. Nicht das Lernen als Wissensvermittlung sondern das „WIE" steht im Vordergrund. Die persönliche Entwicklung des Lernenden ist das Ziel.

---

[1]vgl. Buddrus, 1996, S. 395

Persönlichkeit und Weiterbildung haben eine starke Verbindung. Denn mein Individuum bestimmt was ich lerne. Die eigenen persönlichen Interessen stehen im Vordergrund. Ich bestimme selbst was ich bin und was ich lerne. Frontalunterricht lässt nicht viele Möglichkeiten offen um die Persönlichkeit zu entwickeln.

Wie oben erwähnt ist die Themenzentrierte Interaktion ein sehr wichtiger Ansatz der Humanistischen Pädagogik, in dem pädagogische Elemente wie persönlich bedeutsames Lernen und die Arbeit in Gruppen im Vordergrund stehen. Im folgenden Absatz wird daher der Ansatz der Themenzentrierten Interaktion näher erläutert.

2.2   Themenzentrierte Interaktion

2.2.1   Einleitung

Ruth Cohn, 1912 in Berlin geboren, gilt als Entwicklerin dieser Methode. 1931 studierte sie Nationalökonomie und Psychologie an den Universitäten Heidelberg und Berlin. 1933 emigriert sie nach Zürich, wo sie Psychologie, Philosophie und Literatur studierte. 1934 begann sie mit der psychoanalytischen Ausbildung in der Internationalen Gesellschaft für Psychoanalyse und ihre Lehranalyse bei Medard Boss (1934-1939). 1941 emigrierte sie nach New York und baute 1946 ihre Praxis als Psychoanalytikerin und Gruppentherapeutin auf.[2] Arbeitserfahrung mit Kindern und als Therapeutin waren Ausgangpunkte der Arbeit von Ruth Cohn. Dabei suchte sie nach einer Möglichkeit mehr Menschen zu erreichen als es einem Psychoanalytiker mit Patienten möglich ist. Erfahrungen und Erkenntnisse aus der tiefenpsychologisch orientierten therapeutischen Einzelarbeit auf nicht-therapeutische Gruppen zu übertragen, war der Grundgedanke von Ruth Cohn. Mehr Menschen auf einmal zu erreichen um gemeinsam Lösungen zu finden und Aufgaben zu bewältigen.[3] Cohns (1984) Grundgedanken zur Themenzentrierten Interaktion [7]:

> Ich möchte, daß jeder Mensch ganz „Ich" sagen lernt, weil er nur dann seine Erfüllung finden kann; und in jedem Ich ist bereits das Du und das Wir und die Welt enthalten. (S. 373)

1955 initiiert sie einen Workshop zum Thema „Gegenübertragung", dessen Methodik zum Ausgangspunkt für die Themenzentrierte Interaktion (TZI) wurde.

---

[2]vgl. http://www.ruth-cohn-institute.org/ruthcohn/index.html, abgerufen am 21.04.2009
[3]vgl. Langmaack, 2004, S. 20 f.

Die TZI wurde methodisch aus Prinzipien und Techniken der Gruppenthe-
rapie und anderen Lehr- und Kommunikationsmethoden abgeleitet. Ganzheitliches Lernen und Arbeiten in Gruppen soll in Balance stehen. TZI ist
nicht nur Technik und Methode, sondern vielmehr persönlich bedeutsames
Lernen und Arbeiten. Die Bedürfnisse und Interessen jedes Einzelnen und
der Gruppe sollen in Einklang sein und eine produktive Arbeit fördern. Erst
wenn ich mich sehe, sehe ich alles andere. Dem einzelnen Menschen soll
der persönliche Zugang zum Thema erleichtert werden, denn Lernprozesse
verlaufen beim Menschen umso erfolgreicher je mehr Emotion, Intellekt, Begrifflichkeit und Erleben mit einfließen. In der TZI geht man davon aus, dass
wirkliches Lernen nur dann stattfindet, wenn es persönlich bedeutsam ist.
TZI besitzt nicht die gleichen Charaktere wie Frontalunterricht, denn Gruppenprozesse sollen individuell und persönlich verlaufen, ein ganzheitlicher
Verlauf der Kommunikation und Interaktion verbindet. Ruth Cohn (1993)
beschreibt TZI folgendermaßen [6]:

> Die Gruppentherapie respektiert die Entfaltung des Individuums
> und fördert die Aufmerksamkeit der Gruppe für den Beitrag je-
> des einzelnen. Jedoch Gruppentherapie kennt nur ein Thema:
> „Ich möchte (mich) besser fühlen und besser funktionieren." TZI
> dagegen verlagert den Schwerpunkt von diesem einen Thema -
> Entwicklung des Wachstumspotentials des einzelnen - auf alle
> Aufgaben oder Themen, mit denen Menschen sich auseinander-
> zusetzen haben, ohne dabei die Einmaligkeit des einzelnen aus
> dem Auge zu verlieren. (...) (S. 14)

TZI findet sich nicht nur in Therapie- und Erfahrungsgruppen, als ein Wei-
terbildungsverfahren wird sie vor allem verbreitet in Schulklassen, Mitarbei-
tergruppen, Kommissionen, Management, kirchlichen Diensten, Organisa-
tionsberatung, Bürgerinitiativen, Frauen/Männerbewegungen, Supervision
und Coaching angewandt.[4] In all diesen Bereich finden sich die unterschied-
lichsten Themen, wobei dies für TZI keine Rolle spielt, Themen können sich
auf Bereiche der Familie, Gemeinschaft und Zusammenleben genauso wie
auf pädagogische, wissenschaftliche, künstlerische und organisatorische Bereiche beziehen. Die Gruppengröße und das Teilnehmeralter spielen keine
Rolle, wobei zu beachten ist, dass die Strukturen und Modifikationen den
konkreten Situationen angepasst werden.

TZI fördert:[5]

- Sich und andere im privaten und beruflichen Bereich auf-
  merksam wahrzunehmen

---

[4]vgl. Langmaack, 2004, S. 214 f. und Henecka, 2005, S. 2
[5]Quelle: http://www.tzi-schweiz.ch, abgerufen am 21.04.2009

- Selbständigkeit und Eigenverantwortung im Kontakt mit andern zu stärken

- Wissensvermittlung lebendig und in Beziehung zu den beteiligten Personen zu gestalten.

- Die Arbeitsnotwendigkeiten mit Achtung vor der Person und der zwischenmenschlichen Beziehung zu verbinden (im Profit- ebenso wie im Non-profit-Bereich)

- Arbeitsbesprechungen, Konferenzen, Kongresse usw. im Sinne lebendiger Kommunikation zu führen und Rivalitäten zugunsten Kooperation zu nützen.

2.2.2   Axiome

Die drei Axiome der TZI befassen sich mit den ethischen Grundlagen der TZI, sie sind sowohl Begrenzer als auch antreibende Kraft. Axiome sind keine Richtlinien, sie sind vielmehr Grundgerüst der TZI, sie werfen Fragen auf, welche für die Gruppenarbeit von Vorteil sind. Ausgehend von ihren Erfahrungen und Einsichten entwickelte Ruth Cohn eine Art „systemische Kommunikationspsychologie", die in gleichem Maße auf Strukturen und Prozesse sowie auf Sachthemen zentriert sein sollte. Alle drei Axiome stehen in Verbindung miteinander, und sind daher auch gemeinschaftlich umzusetzen. Ein Fehlen dieser Grundvoraussetzungen spaltet die TZI in unzusammenhängende Techniken.[6] Cohn und Farau (1984) sehen die Axiome als wichtiges Grundgerüst der TZI [7]:

> TZI-Axiome sind der Boden, auf dem die TZI-Methodik verstanden werden muß, und die entscheidenden Voraussetzungen für die gruppentherapeutische und pädagogische Intention der TZI. Ohne diese Axiome kann TZI so „wirksam" sein wie ein in einem Heuschober angezündetes Streichholz. (S. 356)

Laut Cohn und Farau (1999) bilden folgende Axiome das Fundament für humanes Handeln und realitätsgerechte Entscheidungen [8]:

1. Das existentiell-anthropologische Axiom:

   > Der Mensch ist eine psychobiologische Einheit und ein Teil des Universums. Er ist darum gleichermaßen autonom und interdependent. Autonomie (Eigenständigkeit) wächst mit dem Bewusstsein der Interdependenz (Allverbundenheit). (S. 356)

---

[6]vgl. Langmaack, 2004, S. 39 f. und Padberg, 1998, S. 9 f.

Dieses Axiom zeigt ein ganzheitliches Bild des Menschen auf. Der Mensch ist ein unabhängiges Individuum, jedoch auch Teil seiner Umwelt, nicht möglich unabhängig von ihr zu leben. Jedes einzelne Individuum bestimmt selbst seine Aktionen, wird jedoch bewusst dass zwischen dem ganzen Umfeld eine Wechselwirkung besteht, kann positiver Einfluss auf diese genommen werden. Die Autonomie ist umso größer, je bewusster er seine soziale und universelle Interdepenz anerkennt und aktiviert. Ganzheitlichkeit bedeutet hierbei, dass intellektuelles Lernen von Emotionen begleitet wird. Diese Emotionen können sowohl positive als auch negative Auswirkungen haben, und somit das Lernen stark beeinträchtigen.

2. Das ethisch-soziale Axiom:

> Ehrfurcht gebührt allem Lebendigen und seinem Wachstum. Respekt vor dem Wachstum bedingt bewertende Entscheidungen. Das Humane ist wertvoll, Inhumanes ist wertebedrohend. (S. 357)

Der hohe Wert des Lebens ist ein sehr wichtiger Punkt für Ruth Cohn. Die Welt wird ausgebeutet und zerstört, vergangenes Wissen geht verloren. Human zu sein hat Priorität, wobei sich Inhumanes auch auf Vernachlässigen, Unterdrücken von zwischenmenschlichen Beziehungen beziehen kann. Der Respekt für die zwischenmenschliche Kommunikation ist die Grundlage allen gemeinsamen Arbeitens. Trete deinem Gegenüber mit Achtung entgegen, und die Gemeinschaft kann sich entfalten.

3. Das pragmatisch-politische Axiom:

> Freie Entscheidung geschieht innerhalb bedingender innerer und äußerer Grenzen; Erweiterung dieser Grenzen ist möglich. Freiheit im Entscheiden ist größer, wenn wir gesund, intelligent, materiell gesichert und geistig gereift sind, als wenn wir krank, beschränkt oder arm sind oder unter Gewalt und mangelnder Reife leiden. (S. 357)

Das pragmatisch-politische Axiom versteht sich als praxisbezogenes Axiom. Nur wenn die Grenzen wahrgenommen werden, findet sich auch der Blick für die Spielräume die sich bieten. Eine Erweiterung der Grenzen oder auch der Rahmenbedingungen ist möglich, und diese sollten auch genutzt werden. Wenn die Grenzen nicht wahrgenommen werden kann dies zum Scheitern führen, ich will über die Grenzen hinaus, oder ich bin zu weit entfernt und erreiche nicht meine persönlichen Möglichkeiten.

Der Mensch verfügt über frei gewähltes Handeln, er hat Verantwortung gegenüber seiner Umwelt. Er selbst trägt Verantwortung über Veränderungen positiver oder negativer Natur. Wertschätzung gegenüber Anderen, der Umwelt und sich selbst kann eine positive Veränderung bewirken.

2.2.3   TZI - Dreieck

Die drei Faktoren ICH - WIR - ES werden in der TZI durch ein gleichseitiges Dreieck dargestellt, das sich in einem Kreis (Globe) (siehe Abb. 2.1) befindet. Dieses Symbol steht für die ganzheitliche Sichtweise von TZI, der Sichtweise

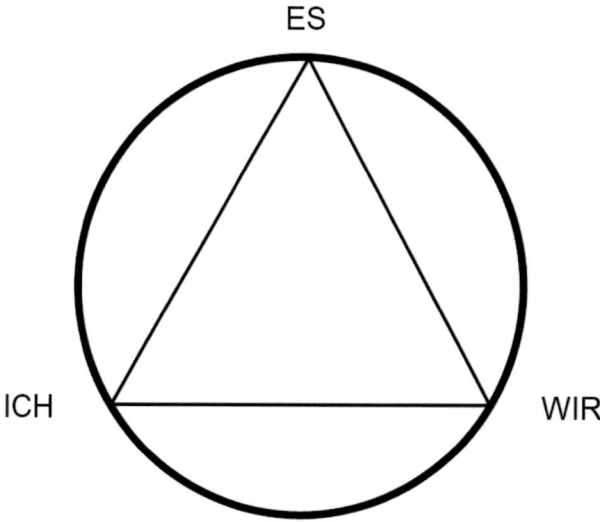

Abbildung 2.1: TZI-Dreieck

von Lernen, Leben und Zusammenleben. Ruth Cohn (1993) beschreibt selbst das Symbol mit folgenden Worten [6]:

> Die themenzentrierte interaktionelle Gruppe bemüht sich um Bewußtwerdung und Förderung des Ich-Potentials, der Wir-Kohäsion und der Themen- und Aufgabenerfüllung. Das strukturelle Bild der Themenzentrierten Interaktion (TZI) ist daher das Ich-Wir-Es-Dreieck: die Verbindung dreier Punkte von gleicher Wichtigkeit - Individuum, Gruppe und Thema -, das sich in der gegenseitigen Umgebungskugel, dem Globe, befindet. (S. 20)

Diese Symbol ist „Markenzeichen" der TZI und wir auch von Gruppentheoretikern und Praktikern erkannt und angewandt. Probleme und Konflikte

werden gelöst, um sich wieder auf das wesentliche Thema konzentrieren zu
können. Ist eine Lösung ausständig, kann die Gruppe nicht fortfahren, oder
die Arbeit wird erschwert. Nicht die Aufgabe steht im Vordergrund, sondern
jede einzelne Person.[7]

das ICH - jede beteiligte Person und ihr Anliegen
das WIR - die Gruppe mit Interessen und Beziehungen untereinander
das ES - das Thema, die gemeinsame Aufgabe
der GLOBE - das Umfeld, alles was die gemeinsame Arbeit beeinflusst

Die dynamische Balance der Faktoren steht im Vordergrund. Nicht jede
Situation lässt sich mit den gleichen Faktoren lösen, es stellt sich die wesentliche Frage, welcher dieser Faktoren stärker behandelt werden muss, um
die gewünschte Balance herzustellen.[8] Ist die Balance hergestellt, kann sie
durch Einflüsse der Umwelt oder anderen Störfaktoren rasch wieder aus dem
Gleichgewicht gebracht werden. Das Leben ist nicht statisch, Gegenpole sollen berücksichtigt und eingebunden werden. Dies ist aber nicht als negativer
Aspekt anzusehen, vielmehr stärkt eine fehlende Balance die konstruktive
Arbeit. Es veranlasst, neue Lösungen zu suchen, neue Ideen umzusetzen und
nicht nur starr zu handeln. Das Dreieck im Kreis gilt als Hilfsmittel für die
Diagnose, es zeigt auf welcher Faktor im Vordergrund steht und wo Hand-
lungsbedarf besteht.

Anfangs steht das ICH, erst nach Kontaktaufnahme wird der Weg zum WIR
gefunden und somit schließlich eine Basis für konstruktive Arbeit geschaffen.
Der Anfang ist sehr wichtig, da er den weiteren Verlauf des Prozesses bestimmt. Barbara Langmaack [16] skizziert diesen Vorgang folgendermaßen
(siehe Abb. 2.2):

---

[7]vgl. Langmaack, 2004, S. 48 f. und Padberg, 1998, S. 6 f.
[8]vgl. Grenz, 2002, S. 80

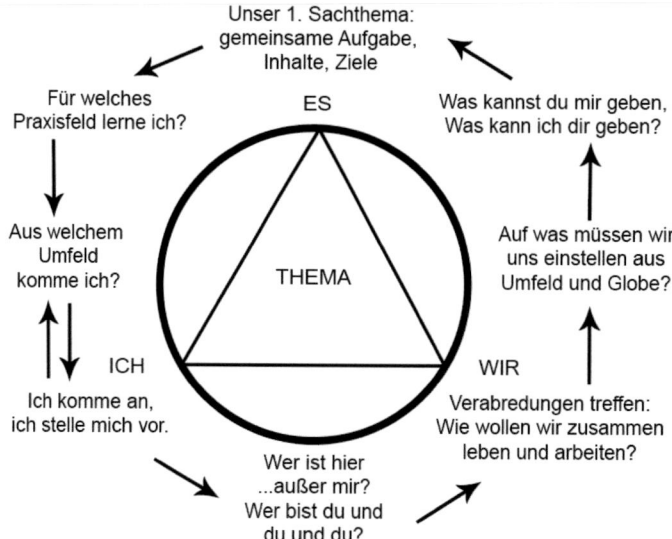

Abbildung 2.2: Themenaufbau im Dreiecksverlauf nach Barbara Langmaack (S. 73)

Eine Gruppe ist anfangs keine Gruppe im engeren Sinn, erst das Kennen lernen und Vertrauen der einzelnen Teilnehmer macht sie zu einer wirklichen Gruppe.

das ICH[9]

Wer bin ich? Diese Frage ist oftmals nicht zu beantworten, viel zu sehr verändert sich das Leben eines Menschen. Je realistischer die Meinung eines Menschen über sich selbst ist, desto leichter fällt es ihm sich auf neue Situationen und Menschen einzulassen. Die TZI unterstützt den Menschen auf seinem Lebensweg, sie hilft die eigene Identität zu entwickeln und zu integrieren. Schon seit dem Beginn der Menschheit gibt es Normen an welche der Mensch sich anpasst. Selten gelingt es einem auszubrechen und diese „steifen" Normen hinter sich zu lassen. Wir wurden von jeher so erzogen, das unsere Welt so in Ordnung ist, dass es gut tut nicht auszubrechen. Wir gehen zur Schule, zur Arbeit und gliedern uns in dem System ein. Wird der Drang nach persönlichem Freiraum dennoch verspürt, ist der Preis der dafür bezahlt wird oft sehr hoch. Unser Umfeld kann nur begrenzt Veränderungen ertragen und akzeptieren. Ein neuer Lebensweg bereitet Schmerzen, kostet Mühe und verlangt Mut. Durch veränderte Situationen wie Entlassung, Scheidung oder Beförderung wächst der Drang den Lebensweg zu verändern.

---

[9]vgl. Langmaack, 2004, S. 75 f. und Cohn/Farau, 1993, S. 353 f.

Alles was bisher gut war, wird in Frage gestellt. Will ich das überhaupt? Bin ich mit meinem Leben so zufrieden? Barbara Langmaack (2004) beschreibt die Selbstverwirklichung mit diesen Worten [16]:

> Mit Selbstverwirklichung und wachsender Ich-Identität ist also in erster Linie gemeint, sich der Realität des Wandels zu stellen, diesen auch zu wollen, die Bilder von sich selbst aktiv zu gestalten, anstatt sie geschehen zu lassen oder sie von außen benennen zu lassen. (S. 82)

Viele Menschen sehnen sich nach Belohnung, dass ihre Leistung anerkannt wird. Die persönliche psychische Gesundheit wird gefördert, indem für die erbrachte Leistungen von seinen Mitmenschen Annerkennung übermittelt wird. Anerkennung wirkt auf die Persönlichkeit wie eine Art Belohnung. Sie fördert die Entwicklung eines jeden Menschen. Niederlage und Erfolg begleitet den Menschen auf all seinen Lebenswegen. Doch dadurch wird Erfahrung gesammelt und wichtige Erkenntnis für die Zukunft gewonnen.

das WIR[10]

Jedes ICH ist ein Teil des WIR. Der Mensch ist immer in vielen sozialen Beziehungen, in der Familie, im Berufsleben, in der Schule und im Freundeskreis - dem WIR. Sich zugehörig zu fühlen ist wichtig für Denken und Handeln. Es beeinflusst die persönlichen Gedanken und Aktivitäten in Gruppen. Findet eine Person sein wirkliches wahres ICH so kann sie auch Platz im WIR finden. Das WIR der TZI beschäftigt sich vor allem mit einem gemeinsamen Thema für die Teilnehmer, es ist nicht von Nöten dass alle Personen zeitgleich, am selben Ort daran arbeiten. Die Motivation sich einer Gruppe anzuschließen beruht auf dem Thema, dies kann freiwillig erfolgen oder auch gezwungenermaßen sein. Formen von Gruppenarbeiten finden sich in vielen Bereichen, wie zum Beispiel Schulen, Erwachsenenbildung und Teamarbeit in Firmen. Schon von jeher lebte der Mensch mit anderen Menschen zusammen. Dieses Zusammenleben prägt den Menschen, er bekommt neue Denkanstöße und wird zu neuem Handeln geleitet. Jedes ICH beeinflusst die Gruppe ob negativ oder positiv. Den Faktor ICH beschreibt Langmaack mit folgenden Worten [16]:

> Eine Gruppe wird nicht etwa stärker durch Mitglieder, die sich aufgeben, sondern durch solche, die sich eingeben. (S. 97)

In TZI Gruppen finden sich die Teilnehmer in einem Kreis ein. Dies ist sehr wichtig für das Gefühl der Gleichwertigkeit und Mitverantwortung. Jeder Teilnehmer besitzt die Möglichkeit seinem Ansprechpartner direkt in die Augen zu sehen. Jeder Teilnehmer beeinflusst die Gruppe und ist somit für Erfolg oder Niederlage mitverantwortlich. Wie schön erwähnt ist ein

---

[10]vgl. Langmaack, 2004, S. 93 f

wichtiger Punkt für Gruppenarbeit die Anfangsphase. Das Kennen lernen und Vertrauen der Teilnehmer untereinander ist eine wichtige Grundvoraussetzung für ein erfolgreiches Arbeiten. Anfangs aufgestellte Regeln für die Gruppenarbeit sind ein sehr hilfreicher Faktor. Nicht zu viel auf einmal von den Teilnehmern zu verlangen ist eine Grunddevise. TZI-Gruppen besitzen folgende Merkmale:

- Vereinbarungen und Strukturen

- ein gemeinsames Ziel

- jeder soll mitarbeiten

- jeder besitzt eine eigene Persönlichkeit

Sind keine gemeinschaftlichen Aufgaben mehr vorhanden, verliert sich das WIR-Gefühl und die Gruppe tritt ihrem Ende entgegen.

das THEMA[11]

Das Thema spielt eine wichtige Rolle und ist ein Hauptschwerpunkt im System der TZI. Als Thema bezeichnet sich das Anliegen einer Gruppe, die Fragestellung oder die Aufgabe. Es ist der Mittelpunkt der Gruppenarbeit. Fehlt das Thema, existiert die Gruppe oder die Beziehung nicht mehr lange, denn es ist der Schlüssel zu Beziehungen.

Themen können sehr unterschiedlich sein, kleine Themen zum sofortigen Einsatz oder jedoch große, die längere Zeit in Anspruch nehmen. Ein Thema kann alles sein, der Inhalt einer „kleinen Unterhaltung" sowie Probleme von Beziehungen, Durcharbeiten von Lern- und Diskussionsstoff. Ein „gutes" Thema ist jenes dass zum Mitmachen anregt, das die Teilnehmer begeistert und die Ideen beflügelt. Nicht immer gibt es jedoch diese Möglichkeit, da es im beruflichen und persönlichen Alltag auch von Nöten ist, sich mit ungeliebter Thematik auseinanderzusetzen. Zur Entwicklung eines Themas sind nach B. Langmaack die folgenden Zugangspunkte [16]:

- Was ist mein eigener Bezug zum Thema? Was bedeutet es für mich?

- Wie setze ich das Thema und seine Bearbeitung mit dem bisherigen und dem künftigen Prozess der Gruppe in Beziehung?

- Welchen Schwerpunkt im TZI-Dreieck setze ich jetzt?

- Wie starten wir mit dem Thema einen lebendigen Prozess? (S. 113 f.)

---

[11]vgl. Langmaack, 2004, S. 106 f.

Ein „gutes" Thema entsteht nicht von einer Sekunde auf die Andere, es braucht Zeit um wirklich zu reifen. Ideen zu einem Thema gibt es wahrscheinlich viele, jedoch ist es eine Kunst dies richtig zu formulieren und interessant zu gestalten. Weitere Hinweise von B. Langmaack für ein erfolgreiches Thema sind [16]:

1. Bekanntes und Neues mit dem Thema verbinden
2. Offen für unterschiedliche Zugänge
3. Das Thema soll fordern, nicht überfordern
4. Das Thema ist noch nicht die Antwort
5. Themen handlungsorientiert formulieren
6. Das Thema soll öffnen und abgrenzen zugleich
7. Klare Begrifflichkeit
8. Themen sind Schritte zum Handeln
9. Keine fremden Themen wählen
10. Übereinstimmung mit dem Globe (S. 115 f.)

Nach Beendigung der Gruppenarbeit kann festgestellt werden ob das Thema passend formuliert war oder nicht. Sollte der Verlauf anders sein? Oder ist alles zufrieden stellend. Je nach dem gewinnt der Gruppenleiter wertvolle Erfahrung, die er sich für das nächste Thema in Erinnerung rufen kann.

der GLOBE[12]
Der Globe umschließt das Dreieck und ist somit der Rahmen für die Arbeit. Es ist die Bezeichnung für alles außerhalb der Gruppe. Dazu gehören das überschaubar nähere Umfeld, Dinge und Geschehnisse sowie Menschen. Jeder Mensch bewegt sich in seinem eigenen Globe, jedes Element des Dreiecks besitzt einen Globe und auch die Gruppe bildet einen gemeinsamen Globe. All dies sind Faktoren für eine gemeinsame Erreichung der Ziele. Das Bewusstsein über diese Faktoren ist für jede Gruppe so wesentlich wie das der ICH-, WIR- und ES-Faktoren.

Beispiel für den Globe einer Schulklasse nach Langmaack wären folgende Aspekte [16]:

- Einzugsgebiet, soziale Struktur
- Lehrergewerkschaft
- Lehrermangel
- Lehrplan
- Finanzquellen

---

[12]vgl. Langmaack, 2004, S. 125 f.

- Ferienregelung
- Welche Berufe werden gebraucht? (S. 130)

Bespiel für allgemeine Globe-Aspekte sind nach Langmaack folgende [16]:

- politische Lage
- wirtschaftliche Lage
- Leitbilder und ihr Wandel
- gesellschaftliche Norm
- Forschungsergebnisse
- Wetter
- aktuelle Ereignisse
- gesetzliche Feiertage (S. 131)

Bereits bei der Erstellung der Gruppenarbeit sollten die wesentlichsten Aspekte gesammelt werden, da diese die Gruppenstruktur prägen und die Interaktion beeinflussen.

2.2.4 Postulate

Aus den grundlegenden Axiomen ergaben sich für Ruth Cohn gewissermaßen die beiden existentiellen Postuale der TZI, auch genannt die „Spielregeln". Sie zeigen wie die Axiome im persönlichen Leben und in der Gruppe angewendet werden sollen. Sie wirken unterstützend für die Leitung der Interaktion, und stellen die Verbindung der methodischen Ebene und den Axiomen dar.[13] Die Postulate nach Cohn (1975) sind folgende [5]:

1. Sei deine eigene Chairperson - Sei Chairperson deiner selbst. (S. 121)

2. Beachte Hindernisse auf deinem Weg, deine eigenen und die von anderen. Störungen und Betroffenheiten haben Vorrang; ohne ihre Lösung wird Wachstum verhindert oder erschwert. (S. 121).

Im folgenden Teil wird näher auf die beiden Postulate eingegangen.

1. Postulat

Der Begriff „chairperson" wurde nicht aus dem amerikanischen Englisch übersetzt, da es in der deutschen Sprache kein Wort dafür gibt. („Chairperson" und „Globe" sind die einzigen zwei Wörter die nicht in Ruth Cohns

---

[13]vgl. Langmaack, 2004, S. 134 f. und Padberg, 1998, S. 10 f.

Büchern übersetzt wurden.)
Was bedeutet Chairperson? - Ganz einfach ausgedrückt: Sei du selbst!

Ruth Cohn (1976, nach Barbara Langmaack, 2004) beschreibt in ihrem
Buch „Von der Psychoanalyse zur Themenzentrierten Interaktion" den Begriff „chairperson" mit folgenden Worten [16]:

> Sei dein eigener Chairman/Chairwoman, sei die Chairperson dei-
> ner selbst. Höre auf deine inneren Stimmen - deine verschiede-
> nen Bedürfnisse, Wünsche, Motivationen und Ideen. Gebrauche
> alle deine Sinne - höre, sieh, rieche und nimm wahr. Gebrau-
> che deinen Geist, dein Wissen, deine Urteilskraft, deine Verant-
> wortung, deine Denkfähigkeit. Wäge Entscheidungen sorgfältig
> ab. Niemand kann dir deine Entscheidungen abnehmen. Du bist
> die wichtigste Person in deiner Welt, so wie ich in meiner. Wir
> müssen uns untereinander klar aussprechen können und einander
> sorgfältig zuhören, denn dies ist unsere einzige Brücke von Insel
> zu Insel. (S. 135)

Mit anderen Worten: sei dir deiner Umgebung bewusst. Jede Situation ist
ein Angebot für Entscheidungen. Jeder Gruppenteilnehmer soll sich selbst
und sein Umfeld wahrnehmen. Erst wenn sich jeder selbst wahrnimmt, kann
die Gruppe erfolgreich sein. Bring menschliche Achtung entgegen, und ak-
zeptiere alle Teilnehmer so wie sie sind.

Dieses Postulat fordert dazu auf nach innen zu sehen, und seine eigenen
Gedanken, Gefühle, Ideen und Wünsche zu akzeptieren und wichtig zu nehmen und volle Verantwortung dafür zu übernehmen.

2. Postulat
Dieses Postulat ist sehr eng mit dem ersten verbunden und soll dem Teilnehmer die Möglichkeit geben sich Störungen bewusst zu werden und diese
abzuarbeiten. Die Störung sollte identifiziert werden und in die Gruppenarbeit einfließen.

Ohne das Lösen von Problemen wird die Gruppenarbeit beeinträchtigt und
schreitet nur zögernd voran. Störungen können zum Beispiel Lärm, Freude,
Angst, Schmerz oder persönliche emotionale Betroffenheit sein. Entstehen
Entscheidungen auf der Basis von Störungen, sind diese oft nicht gut durch-
dacht. Das Gespräch sollte besser unterbrochen als fortgeführt werden. Stö-
rungen sind als eine Art Botschaft zu verstehen, sie übermitteln uns eine
Unstimmigkeit. Sie können in allen Eckpunkten des Dreiecks wie auch im
Umfeld ihren Ursprung haben.
Barbara Langmaack (2004) definiert das Störungspostulat mit diesen Wor-
ten [16]:

Das Störungspostulat sagt aus, dass gute Lern- und Arbeitsergebnisse nur zu erreichen sind, wenn Lehrende und Lernende unabgelenkt bei der Sache sein können, wenn Einzelne sich nicht mit einem Teil ihrer Aufmerksamkeit ausgeklinkt haben. (S. 150)

Nach Langmaack lösen vor allem folgende Mechanismen Störungen in der Gruppe aus [16]:

- wenn das Tempo zu schnell oder zu langsam ist;
- wenn Beteiligte zu wenig beteiligt werden;
- wenn über die Konsequenz der gemeinsamen Arbeit nicht in Ruhe gesprochen werden kann;
- wenn kritische Fragen nicht gestellt werden dürfen oder nicht gehört werden;
- wenn in der Euphorie der guten Atmosphäre die eigentlichen Sachziele aus den Augen verloren werden;
- wenn Tabuthemen die Szene beherrschen. (S. 150)

Die TZI setzt daran, Störungen schon im Vorhinein den Zugang zu verwähren. Wie schon erwähnt, ist es ein sehr wichtiges Anliegen der TZI den Anfang „gut organisiert" zu gestalten. Ein erfahrener Gruppenleiter kennt die „normalen" Störungen und kann diesen schon von Beginn an entgegenwirken.

2.2.5 Hilfsregeln

Ruth Cohn hat in ihrem Werk „von der Psychoanalyse zur Themenzentrierten Interaktion" eine Reihe von Regeln erarbeitet, die den persönlichen Umgang mit den Axiomen und Postulaten unterstützen sollen. Dabei sind die Regeln nicht 1:1 anwendbar, sondern situationsbezogen an die Gruppe anzupassen. Es gilt herauszufinden, welche Regeln für die Beteiligten Sinn machen und welche nicht. Ruth Cohn (1995, zitiert nach Grenz, 2002) selbst schreibt dazu [11]:

Sie (die Hilfsregeln, W.G.) helfen nur, wenn sie menschengerecht angewandt werden. Seelenlose, mechanische Kommunikation ist nicht menschengerecht. (S.361)

Ein Auszug der Hilfsregeln nach Cohn (1975, zitiert nach Padberg, 1998) [23]:

1. **„Vertritt dich selbst in deinen Aussagen; sprich per „Ich" und nicht per „Wir" oder per „Man":"** (S. 124)
   Vielfach verstecken wir uns hinter den Begriff „Man" oder „Wir". Das „Ich" fällt schwer, denn es bedeutet hinter der eigenen Meinung oder

Aussage zu stehen und die volle Verantwortung dazu zu übernehmen. Verwendet man das „Wir" sollte sichergestellt sein, dass alle Teilnehmer der gleichen Meinung sind. Diese Regel kann in allen Gesprächen des Lebens von Nutzen sein.

2. **„Wenn du eine Frage stellst, sage, warum du fragst und, was deine Frage für dich bedeutet. Sage dich selbst aus und vermeide das Interview."** (S. 124)

Sage etwas aus, anstatt eine Frage zu stellen. Es gibt echte und unechte Fragen. Echte beziehen sich auf den Wissensdrang und sie werden gestellt um Informationen zu erhalten. Unechte Fragen werden eher für Machtspiele eingesetzt, sie sind nur formhalber um dem Gegenüber ein schlechtes Gefühl zu geben. Eine gute Frage ist eine Frage wenn meinem Gegenüber bewusst wird, was die Motivation für diese Frage ist. Wenn mein Gegenüber weiß, warum ich die Antwort haben will oder brauche. Gut gestellte und formulierte Fragen tragen dazu bei, einen Prozess voranzutreiben und die Gruppe aktiv zu unterstützen.

3. **„Sei authentisch und selektiv in deinen Kommunikationen. Mache dir bewußt, was du denkst und fühlst, und wähle, was du sagst und tust."** (S. 125)

Um eine vertrauensvolle Interaktion der Gruppenteilnehmer zu erreichen ist es wichtig die eigenen Aussagen zu überdenken. „Erst denken, dann sprechen!" - eine Aussage, die uns ein Leben lang begleitet hat und begleiten wird. Nicht immer jeden Gedanken der sich in einem breit macht sofort unter die Menge zu streuen, sondern erst über dessen Wirkung und an eventuelle Reaktionen der Anderen denken. Wenn sie zum richtigen Zeitpunkt und gut formuliert geäußert werden, unterstützen sie den Gruppenprozess, anderenfalls kann es zu Missstimmungen kommen.

4. **„Halte dich mit Interpretationen von anderen so lange wie möglich zurück. Sprich statt dessen deine persönlichen Reaktionen aus."** (S. 125)

Interpretationen verursachen Abwehr der Teilnehmer. Haben die Interpretationen jedoch auch einen persönlichen Erfahrungswert, wirken sie hilfreich auf das Gruppengeschehen. Vielmehr wird dadurch das Vertrauen untereinander gestärkt.

5. **„Sei zurückhaltend mit Verallgemeinerungen."** (S. 126)

Verallgemeinerungen werden häufig um Umgang mit kritischen Vorwürfen oder Anmerkungen geäußert. „Du weißt immer alles besser!" Auch sie können zu einer Abwehrhaltung der Teilnehmer untereinander führen und sind somit hinderlich für den Gruppenprozess. In Extremfällen kann dies sogar zum Abbruch des Geschehens führen, denn die Aufmerksamkeit der Teilnehmer bezieht sich nicht mehr auf den Prozess sondern eben auf diese Verallgemeinerungen.

6. „Wenn du etwas über das Benehmen oder die Charakteristik eines anderen Teilnehmers aussagst, sage auch, was es dir bedeutet, daß er so ist, wie er ist (d.h. wie du ihn siehst)." (S. 126)

Das Ziel ist ein offener Dialog. Nur eine Aussage würde störend wirken und den Teilnehmer eventuell sogar persönlich verletzen. Eine persönliche Meinung über das Benehmen kann nicht auf eine allgemeingültige Ebene gehoben werden, der Austausch sollte direkt zwischen den betroffenen Personen stattfinden.

7. „Seitengespräche haben Vorrang. Sie stören und sind meist wichtig. Sie würden nicht geschehen, wenn sie nicht wichtig wären." (S. 126)

Diese Hilfsregel setzt das Postulat „Störungen haben Vorrang" fort. Diese Regel ist sehr umstritten, denn einerseits sind Seitengespräche sehr störend und andererseits können sie gewinnbringend für die gesamt Gruppe sein. Hat ein Teilnehmer keine Möglichkeit sich zu äußern, sucht er möglicherweise dass Gespräch zu einem anderen Teilnehmer. So entsteht die Möglichkeit von anderen unterstützt und in der eigenen Meinung bekräftigt zu werden. Ein Fehlen dieser Seitengespräche kann Informationsverlust bedeuten. Werden die Gruppenprozesse jedoch dauerhaft durch unwichtige Seitengespräche gestört kann dies negativen Einfluss auf das Wohlbefinden der Gruppe bedeuten. Diese Gespräche sollten womöglich vom Gruppenleiter unterbunden werden.

8. „Nur einer zur gleichen Zeit bitte." (S. 127)

Wenn alle Teilnehmer durcheinander sprechen fällt es schwer sich auf die Worte und den Inhalt zu konzentrieren und das Übermittelte zu verarbeiten. Es wirken zu viele Informationen zur gleichen Zeit auf das Geschehen ein. Ein Resultat dieses Ereignisses kann die Unzufriedenheit der Teilnehmer und Missstimmung sein. Jeder Teilnehmer der sich mitteilen will, möchte dass die anderen auch ihm zuhören. Es ist daher sehr wichtig, dass die Teilnehmer lernen ihre Gedanken zu strukturieren, klar zu formulieren und darauf zu warten bis sie an der Reihe sind. Diese Zeit kann sinnvoll mit der Niederschrift der Gedanken genutzt werden um alle Informationen anzubringen,

9. „Wenn mehr als einer gleichzeitig sprechen will, verständigt euch in Stichworten, über was ihr zu sprechen beabsichtigt." (S. 127)

Diese Hilfsregel ist als Erweiterung der Vorangegangenen zu sehen. Entsteht solch eine Situation in einer Gruppe ist es von Nöten, dass der

> Gruppenleiter einschreitet und dies unterbindet. Jedoch nicht ganz,
> er sollte lediglich eine Struktur in dieses Geschehen bringen. Jeder
> Teilnehmer sollte in kurzen, prägnanten Worten ausdrücken, was er
> gerade mitzuteilen versucht. Sind die Aussagen für alle Teilnehmer
> interessant, kann die darauf folgende Diskussion daran angepasst wer-
> den, jedoch sollte nie das Thema und das gemeinschaftliche Ziel aus
> den Augen verloren werden.

Diese Regeln sollen unterstützend auf die Teamarbeit wirken. Viele dieser
Ideen machen nicht nur in Gruppenprozessen sondern auch im alltäglichen
Leben Sinn.

2.2.6   TZI - Haus

Das TZI-Haus (siehe Abb. 2.3) von Paul Matzdorf (1993, nach Padberg,
1998) gibt einen Überblick über die TZI. Die einzelnen Elemente der TZI
wurden in Stockwerke gegliedert. Diese Abbildung veranschaulicht das Zusammenspiel von Struktur, Methode und Technik der TZI. Padberg (1998)

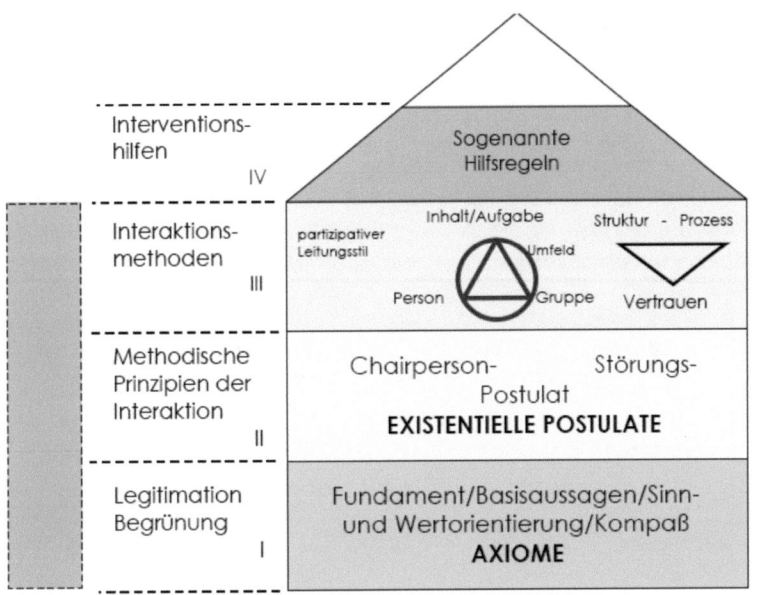

Abbildung 2.3: Das TZI-Haus von Paul Matzdorf

selbst schreibt dazu [23]:

> Der Baum neben dem Haus ist mehr als schmückendes Beiwerk
> er symbolisiert die angestrebte Lebendigkeit und die Verwach-
> senheit der verschiedenen Elemente des Hauses. (S. 15)

2.2.7   TZI in der Praxis

Das System der TZI bietet viele Möglichkeiten um die individuelle Persönlichkeit in Gruppenprozessen und auch im persönlichen Leben weiterzuentwickeln und sich selbst wirklich wahrzunehmen. Wie in den einzelnen Abschnitten erklärt soll gegenseitige Akzeptanz, Wertschätzung und Kommunikation gefördert werden. Die TZI findet sich in vielen verschiedenen Anwendungsbereichen wieder, wie Konferenzen, Tagungen, Unterricht, Beratung, Priesterausbildung und der Politik.[14]

Ruth Cohns (1993) Worte über den fehlenden Einsatz von interaktionellen Gruppen [6]:

> Unsere Schulen und Behörden sind bis jetzt noch skeptisch oder wissen nichts von der Nützlichkeit interaktioneller Gruppen. Unterricht und Konferenzen sind primär nicht nach den Bedürfnissen der einzelnen oder der Gruppe ausgerichtet, sondern themen- und leiterzentriert. Die Schüler bzw. Gruppenmitglieder erfahren, daß ihre Bedürfnisse oder Wünsche, ihre Fähigkeiten und interpersonellen Interessen, ihre Belastungen und Konflikte ignoriert oder negiert werden. Langeweile, Müdigkeit, Aggression und Resignation sind die Folge. (S. 20)

Abschließend sollte angemerkt werden, dass TZI keine Wunder bewirken kann. TZI ist teilnehmerabhängig, eine noch so gute Leitung kann vergeblich versuchen die Gruppe zu leiten und zu motivieren und dennoch scheitern. TZI soll eher unterstützend wirken, wie zahlreiche Beispiele aus der Literatur zeigen.

---

[14]vgl. Henecka, 2005, S. 12 f.

Kapitel 3

Formen des Lernens

Lernen ist ein lebenslanger Prozess. Ruth Cohn betont in der TZI dass Lernen kein isolierter Prozess sein sollte. Einflüsse wie Menschen, Tiere, Dinge und die Umwelt spielen dabei eine wesentliche Bedeutung.

Lernen ist ein äussert vielschichtiger und mehrdimensionaler Begriff für den es viele unterschiedliche Definitionen gibt:[1]

> Unter Lernen versteht man die hypothetischen Prozesse, die den Verhaltensänderungen durch Erfahrung entsprechen. Langfeldt (1996, 102)

> Lernen ist der Vorgang, durch den eine Aktivität im Gefolge von Reaktionen des Organismus auf eine Umweltsituation entsteht oder verändert wird. Dies gilt jedoch nur, wenn sich die Art der Aktivitätsänderung nicht auf der Grundlage angeborener Reaktionstendenzen, von Reifung oder von zeitweiligen organischen Zuständen (z. B. Ermüdung, Drogen usw.) erklären läßt. Hilgard und Bower (1973, 16)

Nicht nur die Definition von Lernen ist eine Schwierigkeit für sich, sondern auch die Bestimmung welche Methode, welcher Ansatz des Lernens zum bestmöglichen Ergebnis führt.

Nach Merrill (2001) sind 5 Prinzipien für erfolgreiches Lernen ausschlaggebend [21]:

- Lernen wird gefördert, wenn Lernende veranlasst und unterstützt werden, sich mit der Lösung realer (möglichst persönlich bedeutsamer) Probleme zu befassen.

---

[1]Quelle: http://arbeitsblaetter.stangl-taller.at/LERNEN/Lerndefinitionen.shtml, abgerufen am 27.04.2009

- Lernen wird gefördert, wenn bestehendes Wissen als Basis
  für den Erwerb neuen Wissens aktiviert wird.
- Lernen wird gefördert, wenn den Lernenden das Wissen de-
  monstriert wird.
- Lernen wird gefördert, wenn neues Wissen von den Lernenden aktiv angewendet wird.
- Lernen wird gefördert, wenn das neue Wissen in das bereits
  bestehende Wissen zur Bewältigung persönlich relevanter
  Anforderungssituationen integriert wird. (S. 2)

Welche Lerntheorie erfüllt all diese Kriterien? Es ist wirklich nur eine, oder
ist eine Kombination verschiedenster Lernformen am Erfolgreisten?

Im Folgenden wird näher auf zwei Lernformen eingegangen.

- Lernen als Wissensaneignung

- Persönlich bedeutsames Lernen

3.1 Lernen als Wissensaneignung

Lernen als Wissensaneignung ist in der Kognitiven und Konstruktiven Psychologie verankert.[2] Im Mittelpunkt stehen die Aneignung von Wissen, die
Aufnahme und die Speicherung der verarbeiteten Information in das Lang-
zeitgedächtnis. Die Wissensaneignung wird vor allem durch Kodierung, Wiederholung, Elaboration und Organisation erreicht. Dieses Wissen ist nicht
jederzeit verfügbar, sondern es muss erst „aufgerufen" werden.

- Kodierung: die sinnvolle Zusammenfassung der Informationen.

- Wiederholung: Wiederholung des zu Lernenden

- Elaboration: tiefe, gründliche Verarbeitung der Information

- Organisation: Informationen müssen geordnet und gegliedert werden
  um gespeichert werden zu können.

Eine weitere Definition von Steiner (2001, nach Gold et al., 2001) dieser
Lernform ist folgende [10]:

> Lernen im Sinne von Wissenserwerb kann als der Aufbau und die
> fortlaufende Modifikation von Wissensrepräsentationen definiert
> werden. [Es] ist ein bereichsspezifischer, komplexer und mehr-
> stufiger Prozess, der die Teilprozesse des Verstehens, Speicherns
> und Abrufens einschließt. (S. 36)

---

[2]vgl. Gold et al., 2001, S. 36 f.

Informationen werden verarbeitet und neues Wissen knüpf an Bestehendes an, somit können neue Strukturen geschaffen werden.

3.2   Persönlich bedeutsames Lernen

Die TZI geht davon aus, dass Lernprozesse besonders erfolgreich sind, wenn die Lernenden einen Bezug zum Thema herstellen können. Die Lernenden sollen die Inhalte als wichtig für die eigenen Interessen wahrnehmen.[3]

Als persönlich bedeutsame Lernprozesse können Lernprozesse bezeichnet werden, die eine Beziehung zwischen dem Lernenden und der Sache besitzen. Im Mittelpunkt steht die Erarbeitung des Lerners und das Wissen wird selbständig konstruiert. Meist bietet ein praxisnaher Kontext, authentische Probleme oder sozialer Kontext Unterstützung um den persönlichen Bezug herzustellen.[4]

Nach Luca (2004) finden sich in der Literatur drei wesentliche Dimensionen, die geeignet erscheinen, persönlich bedeutsame Lernprozesse zu fördern [18]:

1. Lernprozesse, in denen die Lernenden als „Leibsubjekte", als Menschen mit Kopf, Herz und Hand angesprochen sind

2. das spielerische Experimentieren im Handeln und Denken, um sich versuchsweise erproben zu können

3. die Konzentration auf das Erleben im „Hier und Jetzt" (S. 7)

Persönlich bedeutsames Lernen fördert nicht nur den Lernerfolg sondern auch folgende persönliche Eigenschaften:[5]

- Kompetenzen

- Eigenverantwortung

- Wissensentwicklung

3.3   Grundlegende Unterschiede

Wissensaneignung ist eine typische Lernform von Schulen und Universitäten. Selten werden die Lernenden als Gemeinschaft gesehen, und ein gegenseitiger Austausch findet nicht immer statt. Die Wissensaneignung beschränkt sich auf „objektive" Inhalte und die verschiedenen persönlichen Interessen

---

[3]vgl. Langmaack, 2004, S. 260
[4]vgl. Luca, 2004, S. 7 f.
[5]vgl. Langmaack, 2004, S. 88

der Lernenden werden kaum berücksichtigt.[6]

Wird dieses Wissen nicht oder nur selten aktiviert, rückt es in den Hintergrund und kann in Vergessenheit geraten.

Im Gegensatz dazu stellt das persönlich bedeutsame Lernen eine lebendige Wechselwirkung dar. Die Person (das ICH), die Gruppe (das WIR) und das Thema stehen in Bezug zu einander. Der Lehrer ist nicht mehr Vortragender sondern wird Moderator.[7]

Heinrich Dauber (1996) skizziert diese grundlegendsten Unterschiede folgendermaßen [9]:

---

[6]vgl. Dauber, 1996, S. 7 f.
[7]vgl. Dauber, 1996, S. 11

1. Lineare Wissensvermittlung von „objektiven" kognitiven Wahrheiten

8. Grundannahme: didaktische / therapeutische Unverfügbarkeit persönlich bedeutsamen Lernens

2. Lerngruppe als anonyme Masse ohne persönliche Motive, körperliche und emotionale Befindlichkeiten

7. Bewußtsein von konstruktivistischem Charakter von Problemdefinitionen, Beachtung von Resonanzbildungen

3. komplementäre Rolleneinteilung zwischen Lehrenden und Lernenden ohne Wechsel der Perspektiven

6. Integrationsprozesse auf logisch höherer Ebene: Lernen lernen

4. Betonung abstrakter wissenschaftlicher Probleme ohne Bezug zu alltäglicher Lebenspraxis

5. Transformation alter Erfahrungen, Bedeutung zukünftiger Erfahrungen

5. Biographische Erfahrungen/Erwartungen an die Zukunft werden abgespalten

4. Gewahrsein und Bewußtheit der gegenwärtigen Erfahrung

6. Lernen als Reproduktion kognitiver Inhalte

3. Gegenseitige Einfühlung als dialogischer Perspektiv- und Rollenwechsel

7. Probleme werden logisch mit Phänomen gleichgesetzt

2. Ausdruck verschiedener Motive, Interessen und Befindlichkeiten

8. Grundannahme: Lernende lernen in gleichem Umfang und Tempo

1. Gegenseitiger Austausch über persönlich bedeutsame Empfindungen, Gefühle, Gedanken (S. 9)

Tabelle 3.1: Acht Merkmale des traditionellen Unterrichts entgegen Merkmalen des reformpädagogisch orientierten, „alternativen" Unterrichts nach Dauber

Mein persönliches Fazit zu diesen zwei Lernformen: Wie verschiedenste Literaturquellen aufweisen, geht der Trend des Lernens in persönlich bedeutsames Lernen über. Jedoch ist diese Umstellung ein schwerer Weg. Versuche diesbezüglich sind gescheitert und die „alten" Lernformen bleiben nach wie vor bestehen.[8] Für mich gestaltet sich Lernen leichter und produktiver wenn es persönlich bedeutsam ist. In den Jahren meiner Schulzeit hatte ich leider nie die Möglichkeit, diese Form auch im Unterricht zu genießen. Lernen als Wissensaneignung stand an der Reihe. Aber wie viel mir davon wirklich im Gedächtnis geblieben ist, ist ein erschreckend ernüchterndes Resultat.

---

[8]vgl. Dauber, 1996, S. 7 f.

Kapitel 4

Web 2.0

4.1 Was ist Web 2.0?

Der Begriff „Web 2.0" wurde erstmals 2004 von Dale Dougherty, Web-Pionier und Vizepräsident von O´Reilly verwendet.[1] Jedoch können verschiedenste Definitionen für diesen Begriff gefunden werden.[2] Auch Richard MacManus, ein bekannter Web 2.0 Pionier sagt in einem Interview mit Bradley Jones (2008) folgendes über die Definition des Web 2.0 [14]:

> It is very hard to technically define it [Web 2.0]. (S. 93)

Es gibt keine klare Definition sondern Prinzipen und Techniken nach denen eine Internetanwendung einer Web 2.0 Anwendung entsprechen kann. In den nachfolgenden Abschnitten wird auf diese Prinzipien näher eingegangen. O´Reilly (2006) über die Wichtigkeit der Definition des Begriffes Web 2.0 [22]:

> The definition of Web 2.0 is a starting point because, in the end,
> it is the underlying patterns that are much more important than
> a definition. (S. 10)

Web 2.0 ist keine technische Innovation und kein technischer Standart, sondern eine neue Nutzungsform, die dem Nutzer erlaubt das Internet aktiv mitzugestalten.[3]

Seit der Entstehung des Begriffes Web 2.0 stellt sich die Frage was eigentlich das Web 1.0 ist oder war. Das „ursprüngliche" Internet könnte so bezeichnet werden, aber ob dies korrekt ist, ist eine gute Frage. Tim Berners-Lee (1999, zitiert nach Anderson, 2007) hatte zu den Anfangszeiten des Internets schon die Vision dass der Nutzer Inhalte schafft und das Internet nicht nur passiv nutzt [3]:

---

[1]vgl. Anderson, 2007, S. 5
[2]vgl. http://www.oreilly.de/artikel/web20.html, abgerufen am 10.05.2009
[3]vgl. Alby, 2008, S. 18 f.

> I have always imagined the information space as something to
> which everyone has immediate and intuitive access, and not just
> to browse, but to create.(S. 14)

Somit kann angenommen werden, dass Web 2.0 Anwendungen eher dem
ursprünglichen Plan der Entstehung des Internets verwirklichen.[4] Die maß-
geblichen Veränderungen zwischen Web 1.0 und Web 2.0 können am besten
mittels einer Grafik von O´Reilly (2005, zitiert nach Kurz, 2006), kommentiert von Kurz dargestellt werden [15]: Durch die Verwendung von Web 2.0

Web 1.0		*Web 2.0*
DoubleClick (Bannerwerbung, Werbemails etc.)	>	**Google AdSense** (Werbeinhalte sind in die Seite implementiert und stehen im Kontext zum Inhalt)
Ofoto (Bilder Online stellen)	>	**Flickr** (Communitie-Struktur, Partizipation der Nutzer)
Akamai (Daten werden auf Servern gespeichert und von Nutzern herunter geladen)	>	**BitTorrent** (Daten sind dezentral verteilt, Nutzer sind gleichzeitig Nehmer und Anbieter)
Mp3.com (Hochladen von Musik auf Server)	>	**Napster** (Dezentraler Austausch von Musik)
Britannica Online (Online Enzyklopädie, Inhalte werden durch Anbieter bereit gestellt)	>	**Wikipedia** (Nutzer erzeugen das Wissen, demokratischer Aufbau)
personal websites (statische Webseiten)	>	**Blogging** (dynamisch, stark verlinkt, Anbindung an Blogsphäre)
Publishing (Publizieren durch Wenige)	>	**Participation** (Beteiligung aller)
content management systems (hierarchische Struktur)	>	**Wikis** (Struktur und Content werden durch Nutzer erstellt)
Directories (taxonomy)	>	**tagging** („folksonomy")

Tabelle 4.1: Kommentierter Auszug Web 1.0 zu Web 2.0 (O´Reilly 2005,
nach Kurz, 2006, S. 6)

Anwendungen ist der Internetnutzer nicht mehr rein Konsument sondern
auch Produzent. Der Nutzen und die Bedürfnisse der Anwender stehen im
Vordergrund, denn sie Bestimmen den Erfolg oder auch den Misserfolg einer Anwendung. Auch wenn längst nicht alle pädagogischen Einflusse für die
Anwendungen ausgeschöpft sind, finden Web 2.0 Anwendungen bereits Be-

---

[4]vgl. Anderson, 2007, S. 14

liebtheit an Schulen und Universitäten sowie im persönlichen privaten Leben der Anwender.[5] Online-Tagebücher, Foren und Wikis bilden eine Kommunikationsbasis für die Nutzer. Ein möglicher Grund für die rasche Verbreitung und Vermehrung von Web 2.0 Anwendungen könnte die schnellere Ladegeschwindigkeit der Anwendungen sein, aber womöglich auch die stetig wachsende Bandbreite und die steigende Anzahl der Internetanschlüsse weltweit. Neues Wissen kann vernetzt und aktualisiert werden, wobei das Lernen in Gemeinschaften einen höheren Erfolg bei der Wissensgenerierung als schlichte Einzelarbeit verspricht.[6]

Ein Vorteil von Web 2.0 Anwendungen ist, dass der Nutzer nur über normale Computerkenntnisse verfügen muss. Spezialwissen für Anwendungen ist nicht erforderlich, meist genügt ein kurzer Moment um sich in einer Anwendung zurechtzufinden.[7]

Blogs, Wikis, Bookmarking, Podcasts, Tauschbörsen, Video- sowie Bilderdienste sind allgemein bekannte Web 2.0 Anwendungen. Im nächsten Abschnitt dieser Arbeit wird näher auf die einzelnen Anwendungen eingegangen.

4.2 Web 2.0 Dienste

Unzählige Anwendungen des Internets sind so genannte Web 2.0 Dienste. Viele von ihnen sind nicht neu, sie setzten auf altherkömmlichen Anwendungen auf.[8] Im „ursprünglichen" Internet waren hauptsächlich statische Seiten zu finden, durch die Veränderung der Anwendungen sind Nutzer nicht mehr rein Konsumenten sondern können auch zu Produzenten werden.[9]

Im folgenden Abschnitt möchte ich nun näher auf die bekanntesten und meines Erachtens wichtigsten Web 2.0 Anwendungen eingehen.

4.2.1 Blogs

Jorn Barger beschloss 1997 sein Tagebuch im Internet zu führen und somit war dies die Geburtsstunde des Blog (Kurzform von Weblog).[10] Der Grundgedanke von Blogs ist der Austausch von Informationen, Erfahrungen und Kommunikation.[11] Verschiedenste Anbieter ermöglichen das kostenlo-

---

[5]vgl. McLoughlin, 2007, S. 670 f.
[6]vgl. McLoughlin, 2007, S. 667 f.
[7]vgl. Alby, 2008, S. 22
[8]vgl. Anderson, 2007, S. 7
[9]vgl. Kurz, 2006, S. 6
[10]vgl. Alpar, Blaschke und Kessler, 2007, S. 13
[11]vgl. Anderson, 2007, S. 7

se führen von Blogs, womit deren Erstellung zusätzlich gefördert werden. Die Darstellung eines Onlinetagebuchs erfolgt in umgekehrter chronologischer Reihenfolge, somit befinden sich die neuesten Informationen und Einträge immer an erster Stelle. Jeder dieser Einträge besitzt einen Zeitstempel, wodurch das Publikum eine bessere Übersicht über das Geschehen in einem Blog erhält. Natürlich ist es nicht selbstverständlich, dass Einträge in Blogs der Wahrheit entsprechen, Einträge in Blogs sind subjektive Meinungen.[12] Üblicherweise wird jeder Eintrag mit einem oder zwei Schlüsselwörtern versehen, womit ein Eintrag kategorisiert werden kann.[13] Blogs können jederzeit mit anderen Blogs verlinkt werden, somit kann über ein interessantes Thema, über den Blog hinaus, weitere Informationen gefunden werden. Dieses Netzwerk von kollektiver Intelligenz aller Blogger (Autoren eines Blogs) nennt man „Blogshäre".[14] Sie besitzt eine explosive Publikationsmacht. Blogs bieten so genannte Kommentarfunktionen, womit es dem „Besucher" ermöglicht wird, seine Kommentare oder Kritiken an dem verfassten Eintrag mitzuteilen. Mittels RSS (Real Simple Syndication)[15] können interessante Blogs gelesen werden, ohne die originale Seite zu besuchen. So genannte RSS-Reader (auch Feedreader oder Newsaggregatoren genannt) können diese Nachrichten lesen und dem Nutzer in der gewünschten Form Informationen liefern.[16]

Ein Blog bietet die Möglichkeit Inhalte im Internet zu veröffentlichen, zu verlinken und zu kommentieren, dadurch ist auch ihr Einsatz in Schulen und Universitäten sehr interessant. Das Kriterium, dass nicht nur eine Person Autor sein kann sondern mehrere Personen denselben Blog betreuen können ist ein weiterer Pluspunkt für den Einsatz in Bildungseinrichtungen. Ein Vorteil eines Blogs ist dessen Einfachheit, sie sind leichter zu verstehen und zu kritisieren als komplexe Aufsätze.[17]

Ein erfolgreiches Beispiel eines Blogs zeigen Alpa et al. (2007) in ihrem Artikel über das Web 2.0 [2]:

> Ein Beispiel ist der mit dem European E-Learning Award 2006 ausgezeichnete Weiterbildungsblog (www.weiterbildungsblog.de), der über aktuelle Entwicklungen vor allem im Bereich Wissensmanagement informiert. (S. 13)

---

[12]vgl. Alpar et al., 2007, S. 13

[13]vgl. Anderson, 2007, S. 7

[14]vgl. Kurz, 2006, S. 8

[15]Unter RSS Feeds wird ein elektronisches Nachrichtenformat verstanden. Diese sind endgeräteunabhängig und können sowohl am Computer, Mobiltelefon oder MP3-Player wiedergegeben werden. Die Initiative des Erhaltens eines Feeds geht immer vom Abonnenten aus.

[16]vgl. Seufert und Brahm, 2007, S. 72 f.

[17]vgl. Lemke, Coughlin und Metiri Group, 2009, S. 9

Folgende Abbildung zeigt den ausgezeichneten Weiterbildungsblog (mit der erwähnten Funktionalität RSS) als Screenshot (siehe Abb. 4.1): Aus didak-

Abbildung 4.1: Screenshot des Weiterbildungsblog
Quelle: http://www.weiterbildungsblog.de/2009/04/17/the-learning-revolution/; abgerufen am: 15.05.2009

tischer Sicht, können Blogs somit interaktive, gleichberechtigte und selbst gesteuerte Diskussionsprozesse unterstützen. Die Strukturen in ihnen sind vor allem durch Referenzen sehr gut nachvollzieh- und referenzierbar. Im Gegensatz zu einer Newsgroup, welche themenzentriert ist, kann der Blog als lernerzentriert eingeordnet werden.[18]

4.2.2 Podcasts

Podcasts sind Audiobeiträge die üblicherweise im MP3 Format[19] vorliegen. Sie können direkt auf dem Desktop Computer oder auf ein angeschlossenes, kompatibles Gerät übertragen werden. Die Anwendung läuft im Hintergrund und neue Daten können automatisch herunter geladen werden.[20] In der folgenden Abbildung (siehe Abb. 4.2) werden die einzelnen Schritte eines Podcastings erläutert.

Grundsätzlich können drei verschiedene Formen des Podcasts unterschieden werden:[21]

- Audiodatei

- Audiodatei mit Bildern

[18]vgl. Lemke, Coughlin und Metiri Group, 2009, S. 12
[19]komprimiertes Audioformat
[20]vgl. Kurz, 2006, S. 16
[21]vgl. Seufert und Brahm, 2007, S. 92

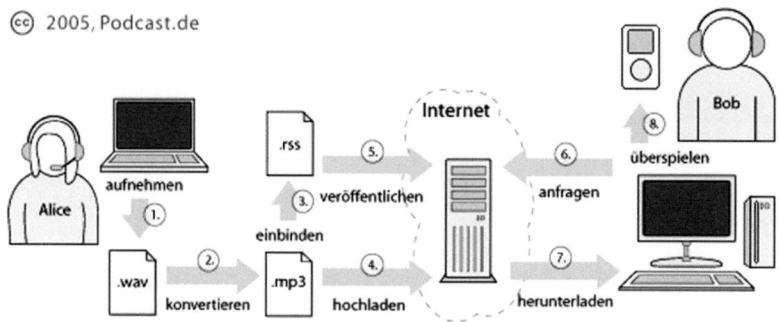

Abbildung 4.2: Schematische Darstellung der Arbeitsschritte des Podcastings
Quelle: http://www.e-teaching.org/technik/aufbereitung/audio/podcasts/; abgerufen am: 15.05.2009

- Video

Für die Wiedergabe ist lediglich ein kompatibles Endgerät erforderlich. Podcasts funktionieren ähnlich wie das Blog System, auch sie können mittels RSS-Feeds abonniert und automatisch geladen werden.[22]

Den Einsatz im schulischen Bereich zeigen Seufert und Brahm (2007) in ihrem Artikel auf [24]:

> Prominente Beispiele für die Nutzung von Podcasts in großem Stil sind sicherlich die Duke University und die Standford University. Im Rahmen der „Duke Digital Initiative" wurden im August mehr als 1.600 Apple iPod an die neu eintretenden Studierenden verteilt, die neben bereits aufgespielten Informationen weitere Inhalte wie etwa Aufzeichnungen von Vorlesungen, Sprachkurse, Audio-Bücher aber auch Musik laden konnten. (S. 94)

Podcasts sind auch für den schulischen Einsatz geeignet, beispielsweise für den Bezug von digitalen Kursmaterialien, welche somit ortsunabhängig genutzt werden können. Des Weiteren können Vorlesungen aufgezeichnet und so für den späteren Gebrauch gesichert werden. Wird ein Abonnement eingerichtet, wird der Nutzer automatisch zeitgerecht über neues Material informiert. Es ist nicht nötig mehrere Internetseiten aufzurufen und auf neues Material zu überprüfen.[23]

---

[22]vgl. Anderson, 2007, S. 10
[23]vgl. Seufert und Brahm, 2007, S. 93 ff.

4.2.3 Wikis

Der Ursprung des Wortes Wiki, Wikiwiki kommt aus dem Hawaiischen und bedeutet „schnell". Das erste Wiki würde 1995 vom Amerikaner Ward Cunningham entwickelt. Durch Unzufriedenheit mit normalen Textprogrammen, suchte er nach einer Anwendung, in der mehrere Personen an einem Text arbeiten können und ohne großartige Einarbeitungszeit. Eine Anwendung bei der mitverfolgt werden kann welche Änderungen am Dokument vorgenommen worden sind und welche bei Bedarf wieder rückgängig gemacht werden können.[24]

Ein Wiki ist eine Internetseite, in der mehrere Nutzer einen Inhalt direkt im Browser verfassen und bearbeiten können. Durch das Verknüpfen mit weiteren Seiten, kann eine ganze Wissensdatenbank aufgebaut werden. Das bekannteste Beispiel hierfür ist Wikipedia (siehe Abb. 4.3), welches die Ausbreitung von kollektiver Intelligenz sehr gut darstellt. Auch Unternehmen wie DaimlerChrysler, BMW, Boeing, Bosch und viele mehr haben die Vorteile eines Wikis erkannt und setzten diese ein.[25] Wikis sind vielfältig im

Abbildung 4.3: Quelle: http://de.wikipedia.org/wiki/Wiki; abgerufen am: 17.05.2009

Unterricht einsetzbar, sie eigenen sich für die Erstellung von gemeinschaftlichen Arbeiten. Nicht nur das Verfassen, Lesen und Kommentieren von Texten wird ermöglicht, denn Wikis bieten zahlreiche weitere Funktionen wie Bereiche für Meinungsaustausch und Diskussionen an. So können zum

---

[24]vgl. Alpar et al., 2007, S. 66
[25]vgl. Alpar et al., 2007, S. 66

Beispiel Bilder, Internetseiten und andere Medien verlinkt werden. Daten-
formate wie GIF, JPG und PNG werden direkt in der Wikiseite angezeigt.[26]
Durch die integrierte Suchfunktion wird das Bearbeiten von Wikis wesentlich erleichtert.

Eine gelungene Zusammenfassung der Vorteile eines Wikis stellen Seufert
und Brahm (2007) bereit [24]:

> Mit einem Wiki wird eine Sammlung von Webseiten bezeichnet,
> die von jedermann, zu jederzeit und von jedem Ort aus bearbei-
> tet werden können. Gekennzeichnet werden können Wikis durch
>
> - die Nutzerfreundlichkeit,
> - die Möglichkeit, dass jeder Beiträge produzieren und editie-
>   ren kann, und
> - die fehlende Autorenschaft bei den einzelnen Wiki-Artikeln.
>   (S. 42)

Wie auch bei Blogs und Podcasts gilt auch hier, dass der Inhalt nicht immer
der Wahrheit entsprechen muss. Es gilt die Vermutung, desto mehr Nutzer sich für ein Thema interessieren, desto weniger Falsches steht auf einer
Wikiseite.

4.2.4 Soziale Netzwerke

Soziale Netzwerke erlauben es Kontakte auch online zu pflegen und zu knüpfen. Derzeit sind die bekanntesten Netzwerke Xing (vorwiegend für berufliche Kontakte), MySpace, studiVZ und facebook.[27] Die teilnehmenden Personen können Gruppen mit gleichen Interessen beitreten, sowie Neuerungen
bei Freunden beobachten. Für diese Anwendungen sind keine versierten technischen Voraussetzungen nötig, es gilt lediglich ein eigenes Profil anzulegen
und Freunde zu suchen und/oder neue Kontakte zu knüpfen.[28] Wie wichtig
soziale Netzwerke wirklich sind, zeigt ein Ausschnitt eines Artikels der Pres-
se.com, des 22.05.2009 (siehe Abb. 4.4).

Als zusätzliche Funktion bieten Soziale Netzwerke das Einbinden von Mul-
timediadateien an, wobei Freunde auf diese Bilder verlinkt werden können.[29]
Es sei jedoch angemerkt, dass es nicht immer zu empfehlen ist, zu viele persönliche Daten in sozialen Netzwerken preiszugeben, da diese auch zweck-
entfremdet werden können.

---

[26]vgl. Alpar et al., 2007, S. 71
[27]vgl. Lange, 2007, S. 26
[28]vgl. Alpar et al., 2007, S. 49
[29]vgl. Alpar et al., 2007, S. 53

Abbildung 4.4: Quelle: http://diepresse.com/home/techscience/internet/-481354/index.do?from=rss; abgerufen am: 17.05.2009

4.2.5   Social Bookmarking

„Soziale Lesezeichen" können von Nutzern im Internet, in dafür zuständigen Online-Portalen und nicht nur wie früher in Browsern gespeichert werden. Diese Lesenzeichen können mittels Tags (Schlagwörtern) versehen werden. Auch die Veröffentlichung der eigenen Lesezeichen für andere Nutzer ist möglich, womit Personen mit gleichen Interessen gefunden werden können. Ein wesentlicher Vorteil dieser Lesezeichen ist, dass sie von überall (Internetzugang erforderlich) zugänglich sind. Social Bookmarks lassen sich nach Tags, Tag-Kombinationen oder Benutzern sortieren. Bekannt sind vor allem del.icio.us und mister-wrong.[30]

4.2.6   Foto- und Videosharing

Das Teilen von Fotos und Videos ist sehr beliebt. Dienste wie YouTube (Video) und Flickr (Fotos) werden immer beliebter. Jeder Nutzer kann seine eigenen Videos und Fotos publizieren. Auch hier steht eine Kommentarfunktion, Suchfunktion und Sortierfunktion zur Verfügung.[31]

4.3   Prinzipien

Wie schon erwähnt ist es wichtiger die Prinzipien zu verstehen als die Definition von Web 2.0. Nach O´Reilly sind die 7 Grundprinzipien des Web 2.0 folgende:[32]

1. Das Web als Plattform

2. Die Nutzung kollektiver Intelligenz

---

[30]vgl. Kurz, 2006, S. 15
[31]vgl. Anderson, 2007, S. 10
[32]vgl. Anderson, 2007, S. 6

3. Die Daten als nächstes „Intel Inside"

4. Abschaffung des Software-Lebenszyklus

5. Lightweight Programming Models

6. Software über die Grenzen einzelner Geräte hinaus

7. Benutzerführung (Rich User Experiences)

Im folgenden werden die einzelnen Prinzipien und ihre Bedeutung näher erläutert.

1. Das Web als Plattform[33]

In früheren Zeiten liefen Anwendungen auf den Geräten der Anwender. Viele Web 2.0 Dienste revolutionieren dies, sie lassen Programme des Computers in den Hintergrund treten. Es ist nicht nötig Anwendungen auf den Computer zu installieren, die Daten werden im Netz bearbeitet und gespeichert. Ortsunabhängigkeit ist nur einer der Vorteile des Webs als Plattform. Google, Yahoo, Amazon und Salesforce.com sind namhafte Beispiele für die Nutzung des Webs als Plattform. O´Reillys (2006) Worte zum ersten Prinzip sind folgende [22]:

> A platform beats an application nearly every time. Not only is the Web itself becoming a platform to replace desktop operating systems, individual web sites are becoming platforms and platform components as well. (S. 24)

Für die Nutzung des Webs als Plattform ist lediglich ein Browser von Nöten. Es stellt sich jedoch die schwierige Frage ab wann nun eine Anwendung Teil des Web 2.0 ist. In erster Linie kann dies gemessen werden, inwiefern eine Desktopanwendung ohne Zugriff auf das Internet noch die gewünschten Leistungen erbringt.[34]

2. Die Nutzung kollektiver Intelligenz[35]

Web 2.0 ist benutzerzentriert, dezentralisiert und kollaborativ. Namhafte Beispiele hierfür sind Google, Wikipedia, Flickr, Amazon und del.icio.us. Hauptmerkmale dieses Prinzips sind Vertrauen, Qualität und Privatsphäre. Im Beispiel von Wikipedia kann jeder beliebige Nutzer sein Wissen niederschreiben welches von anderen Benutzern gelesen, akzeptiert oder verändert werden kann. Ein Hauptziel ist dezentrales Wissen zu vernetzen und kollektive Intelligenz zu nutzen und somit dem Wissen einen Rahmen zu geben. Vorteile der Nutzung kollektiver Intelligenz sind vor allem im Wachstum

---

[33]vgl. O´Reilly, 2006, S. 24 ff.
[34]vgl. Alby, 2008, S. 135 f.
[35]vgl. O´Reilly, 2006, S. 13 ff.

der Informationen. O´Reillys (2006) Worte zum zweiten Prinzip sind folgende [22]:

> The key to competitive advantage in Internet applications is the
> extent to which users add their own data to what you provide.
> (S. 13)

Demnach fördert dieses Prinzip nicht nur die Gemeinschaftlichkeit, sondern auch:[36]

- soziales Lernen

- interkulturelles, kollaboratives, informelles, lebensbegleitendes, vernetztes Lernen

- aktives und konstruktives Lernen

- selbst gesteuertes Lernen

- persönlich bedeutsames Lernen

Der Aufbau und die Pflege von sozialen Netzwerken und Communities werden durch die menschliche Kommunikation, Interaktion und Zusammenarbeit gestärkt und jeder User kann davon seinen eigenen perönlichen Nutzen ziehen.

3. Die Daten als nächstes „Intel Inside"[37]

Für viele online Anwendungen sind Daten unverzichtbar, aus welchem Grund bedeutende Internet-Anwendungen Datenbanken besitzen. Datenbankmanagement ist eine Kernkompetenz von Web 2.0 Firmen.[38] Anwendungen die sich nach diesem Prinzip richten sind Amazon, eBay, NAVTEQ, Craiglist und Gracenote um nur einige zu nennen. O´Reillys (2006) Worte zum dritten Prinzip sind folgende [22]:

> For Internet applications, success often comes from data, not
> just function. Examples range from Google's search database
> to Amazon.com's product catalog to eBay's auction data and
> YouTube's video library. (S. 19)

Schwierig gestaltet sich jedoch die Frage wem all diese Daten gehören

4. Abschaffung des Software-Lebenszyklus[39]

Software besitzt die Eigenschaft, dass sie als Service und nicht als Produkt angesehen wird. Ein Service kann leichter aktuell gehalten werden, oft

---

[36]vgl. McLoughlin, 2007, S. 667 ff.
[37]vgl. O´Reilly, 2006, S. 19 ff.
[38]vgl. http://www.oreilly.de/artikel/web20.html, abgerufen am 05.05.2009
[39]vgl. O´Reilly, 2006, S. 39 ff.

bemerkt der Endnutzer nicht einmal die Veränderung. Es kann beobachtet werden welche Veränderungen von den Nutzern wahrgenommen werden und welche nicht. Somit können Verbesserungen benutzerspezifisch entwickelt und eingesetzt werden. Das Risiko der Herstellerfirmen kann dadurch minimiert werden und eine Beziehung zu den Kunden hergestellt werden. Bekannte Vertreter nach diesem Prinzip sind Google, Flickr und Amazon. O´Reillys (2006) Worte zum vierten Prinzip sind folgende [22]:

> When devices and programs are connected to the Internet, applications are no longer software artifacts, they are ongoing services. This has significant impact on the entire software development and delivery process. (S. 39)

Ob jedoch immer eine Verbesserung durch ein Service stattfindet bleibt zu hinterfragen.

5. Lightweight Programming Models[40]

Wie der Name sagt, steht dieses Prinzip für die Einfachheit. Die Daten werden einfach mittels XML (Extensible Markup Language), HTTP (Hypertext Transfer Protocol) oder auch über REST (Representional State Transfer) übermittelt. Der Sinn dahinter ist, dass Systeme lose gekoppelt und leichter angepasst werden können. Somit minimiert sich auch das Kostenrisiko durch Fehlschläge für Firmen. Letztendlich bestimmt der Nutzer was er will und wie er es will. Die bekanntesten Beispiele zu diesem Prinzip sind 37signals, Digg und Flickr. O´Reillys (2006) Worte zum fünften Prinzip sind folgende [22]:

> Scalability in Web 2.0 applies to business models as well as technology. Changes in cost, reusability, process, and strategy mean much more can be done for much less. (S. 49)

Es geht darum Daten auszutauschen und nicht alles streng zu kontrollieren. Erfolgreiche Web Anwendungen sind jene, die sich einfach weiterentwickeln lassen, sogar in Richtungen in die der Entwickler nicht gedacht hat.

6. Software über die Grenzen einzelner Geräte hinaus[41]

Das Einsatzgebiet von Web Anwendungen beschränkt sich nicht nur auf den Computer, sondern auch auf weitere Endgeräte. Es wird ermöglicht Web Inhalte auf die mobilen Endgeräte zu bringen und den Computer als lokalen Cache und Kontrollstation zu sehen. Der Computer wird dann möglicherweise nicht mehr als primäres Einsatzgerät für den Datenaustausch dienen. iTunes, TiVo und Shozu sind bekannte Beispiele welches dieses Prinzip aufzeigen. O´Reillys (2006) Worte zum sechsten Prinzip sind folgende [22]:

---

[40]vgl. O´Reilly, 2006, S. 49 ff.
[41]vgl. O´Reilly, 2006, S. 35 ff.

> The PC is no longer the only access device for Internet applica-
> tions, and applications that are limited to a single device are less
> valuable than those that are connected. (S. 35)

Durch dieses Prinzip stehen viele neue Märkte für Web 2.0 Anwendungen
offen.

7. Benutzerführung (Rich User Experiences)[42]

Hinter diesem Prinzip steckt als Schlüsselkomponente AJAX. AJAX verbindet viele Technologien miteinander, wie zum Beispiel XHTML, CSS, XML,
SXLT und viele mehr. AJAX Anwendungen können den normalen Desktop
Anwendungen sehr ähnlich sein und stellen eine vereinfachte Benutzerführung zur Verfügung. Gmail ist eines der bekanntesten Beispiele dafür, mit
seinen Stärken wie Ortsunabhängigkeit, Datenverwaltung, Durchsuchbarkeit
steht es einer Desktopanwendung um nichts nach. O´Reillys (2006) Worte
zum siebten Prinzip sind folgende [22]:

> The static web page is giving way to a new generation of rich
> Internet applications that have the ability to combine many of
> the best elements of the desktop and online user experiences. (S.
> 30)

Weitere Beispiele nach diesem Prinzip sind Google Maps und Netflix.

4.4   Produsage

Unter produsage versteht man die aktive Rolle der Internetnutzer bei der
Entwicklung von Inhalten. Der aktive Nutzer wird in diesem Fall Prodnutzer (produser) genannt.[43] Willems (2008) charakterisiert den Prodnutzer
folgendermaßen [25]:

> Charakteristisch für den Prodnutzer ist, dass sich Autorenschaft,
> Bewertung, Rezeption, Nutzung und Verbreitung von Informa-
> tionen, Wissens- und Kulturgütern zwar analytisch auseinander
> halten lassen, in der täglichen Nutzungspraxis jedoch untrennbar
> verbunden sind. (S. 169)

Durch die „Einfachheit" der Web 2.0 Anwendungen ist es auch für Nutzer
ohne versierte technische Kenntnisse möglich, die Stellung eines Prodnut-
zers einzunehmen.[44] Durch eine primäre persönliche Motivation, stellt der
Nutzer Inhalte zur Verfügung, welche kollektiv gelesen, überarbeitet und
kommentiert werden können. Durch diese Aktionen entstehen immer grö-
ßere Wissensnetze. Ein gutes Beispiel dafür ist Wikipedia. Hier kann jeder

---

[42]vgl. O´Reilly, 2006, S. 30 ff.
[43]vgl. Willems, 2008, S. 168
[44]vgl. Willems, 2008, S. 169 f.

beliebige User einen Text verfassen und für alle anderen Nutzer bereitstellen.
Dies kann sowohl unter dem eigenen Namen oder auch unter einem Pseud-
onym erfolgen. Andere Nutzer besitzen die Möglichkeit eben genau diesen
Text zu überarbeiten und/oder zu kommentieren. Ein ausgezeichnetes Tool
ist in Wikipedia der Bereich Diskussion, worin sich die einzelnen Autoren
über die Richtigkeit der Inhalte auseinandersetzten können.[45] McLoughlin
(2007) über das Verfassen von Texten in Wikipedia [20]:

> This openness is the characteristic hallmark of Web 2.0, as it
> allows users to mix, amend and recombine microcontent, colla-
> boratively and open to the world, inviting revision and commen-
> tary. (S. 666)

Der Prodnutzer unterliegt keinem Zwang, sondern die Arbeit erfolgt freiwillig.[46] Weitgehend funktioniert die Teilnahme an diesen Anwendungen
mittels Selbstorganisation. Eine mögliche Motivation dahinter ist, sein eigenes Wissen mit anderen zu teilen, und dadurch die eigene Ansichtsweise
darzustellen. Durch Kommentare und weiter Informationen kann der Nutzer dadurch zu weiterem Wissen gelangen. Der Nutzung des Internets und
seiner Web 2.0 Anwendungen diesbezüglich weist keine Schranken auf. Jeder
Nutzer mit Internetzugang hat die Möglichkeit sich mitzuteilen und aktiv
am Geschehen teilzunehmen. Webblogs, Wikis, Podcasts, Tauschbörsen und
Bildderdienste sind nur eine Auswahl der zur Verfügung stehenden Anwendungen.[47]

Wie schon im 2. Prinzip „Die Nutzung kollektiver Intelligenz" nach O´Reilly
erwähnt, stärkt diese Form der Anwendungen die menschliche Kommunikation, Interaktion und Zusammenarbeit. Das Wissen des Internet wird nicht
nur von Unternehmen bereitgestellt sondern jeder einzelne Nutzer prägt die
Inhalte des Internets. Insgesamt kann die Qualität der „produzierten" Arbeit durch die gemeinschaftliche Bearbeitung und Ansichtsweisen, gesteigert
werden.[48] Durch die Einfachheit der Anwendungen stellt die Teilnahme an
dieser neuen Wissenskultur keine Hürde dar, das eigene Wissen kann verteilt
und Neues empfangen werden.

4.5   Participatory culture

Participatory culture kann wörtlich als „Teilnehmende Gesellschaft" übersetzt werden, denn genau darum geht es in diesem englischen Begriff. Jenkins (2006) liefert eine sehr treffende Beschreibung, was unter participatory
culture wirklich verstanden werden kann [13]:

---

[45]vgl. Willems, 2008, S. 169 f.
[46]vgl. Willems, 2008, S. 172
[47]vgl. Anderson, 2007, S. 7
[48]vgl. Seufert und Euler, 2007, S. 51

> A participatory culture is a culture with relatively low barriers
> to artistic expression and civic engagement, strong support for
> creating and sharing one's creations, and some type of informal
> mentorship whereby what is known by the most experienced is
> passed along to novices. (S. 3)

Wie erwähnt stellt der Prodnutzer seine eigenen Texte und Daten für die
Gemeinschaft im Netz zur Verfügung und somit ist er ein Teil der „Teilnehmenden Gesellschaft". Es geht nicht nur um die Veröffentlichung der eigenen
Werke, vielmehr steht dahinter auch die persönliche Motivation der Anerkennung. Als Teilnehmer erhoffe ich mir ein positives Feedback auf meine
Worte, eine positive Anerkennung meiner Arbeit.[49] Das Gefühl der Zuge-
hörigkeit steigert die Motivation, auch wenn sich der Nutzer dabei anonym
gibt.[50]

Als ein Mitgleid der „Teilnehmenden Gesellschaft" können viele persönliche Vorteile entstehen. Das Lernen und Verstehen der Ansichten Anderer
fliesst in das tägliche Geschehen im Netz ein. Nicht nur privat sondern auch
im schulischen Kontext lässt sich die participatory culture nachvollziehen.
Die Lernenden stehen in Verbindung miteinander und können so eine gemeinschaftliche Lösung oder Antwort finden. Wie Ruth Cohn in der TZI
beschreibt, ist nicht nur der einzelne Mensch als Individuum wichtig, sondern auch die Gemeinschaft und das Umfeld, denn all diese Faktoren bestimmen den Lernerfolg.

Wie wichtig participatory culture ist, wird durch eine veränderte Ansicht der
Schulen immer bewusster. Das herkömmliche Schulsystem, dass so schon viele Jahre existiert, sollte oder muss sich künftig an neue Formen des Lernens
anpassen. Ein Bericht von Lemke, Coughlin und der Metiri Group (2009)
zeigt auf wie notwendig es ist, dass bestehende Schulsystem zu verändern
und neue Technologien und Anwendungen in den Unterricht einfliessen zu
lassen [17]:

> In order to be competitive and responsible economically, poli-
> tically, environmentally, and socially, U.S. youth must graduate
> from school ready to thrive in those realities, one of which is the
> participatory culture of Web 2.0 technologies. The results from
> this study indicate that the velocity of innovation and change in
> society, as represented by Web 2.0, is outpacing K-12 education's
> current capacity for innovation. (S. 6)

Dieser Bericht veranschaulicht wie sehr Web 2.0 Anwendungen derzeit Einfluss im persönlichen und schulischen Bereich auf Lernende hat. Laut Prä-

---

[49]vgl. Jenkins, 2006, S. 3
[50]vgl. Willems, 2008, S. 170

sident Obamas Rede vom 20 Jänner 2009 ist es an der Zeit das bestehende System zu revolutionieren.[51]

4.6 Persönlich bedeutsames Lernen mit Web 2.0

Wie beschrieben geht die TZI davon aus, dass Lernprozesse besonders erfolgreich sind, wenn die Lernenden einen Bezug zum Thema herstellen können.

Es stellt sich die Frage, ob dies auch für Lernen mit Web 2.0 Anwendungen gilt. Betrachtet man den Begriff „Internet-Learning" näher, finden sich Möglichkeiten wie Lernen im Internet auch persönlich bedeutsam werden kann.

Im folgenden Abschnitt möchte ich näher auf persönlich bedeutsames Lernen im Web 2.0 in der Gruppenarbeit eingehen, da sich auch die TZI mit Gruppenprozessen beschäftigt. Das Lernen im Internet unterscheidet sich natürlich, es gibt Vor- sowie Nachteile, welche das Lernen beeinflussen können.
Fehlen körperlicher Gesten und das Wahrnehmen der Stimmlage im Internet, erschwert die persönliche Einschätzung der anderen Gruppenteilnehmer, andererseits ist aber auch die Möglichkeit, Stimmung durch Smileys auszudrücken gegeben. Es fällt schwierig Personen einzuschätzen, und auf Stimmungen zu reagieren. Aber ich möchte an dieser Stelle nicht nur Nachteile erwähnen. In Web 2.0 Anwendungen spielt es keine Rolle wie ich aussehe, welchen sozialen Status ich besitze. Nutzer werden als Nutzer angesehen und nicht einfach „abgestempelt".

In der TZI geht davon aus, dass Hierarchien hinderlich sind. Nur die Teilnehmer und ein Moderator sind erforderlich. Durch den gegebenen Überblick von Web 2.0, schließe ich daraus, dass einige Web 2.0 Anwendungen sowohl dieses Merkmal, als auch das Merkmal der Gruppenarbeit aufweisen. Viele Web 2.0 Dienste beziehen sich auf das Prinzip der kollektiven Intelligenz, was einer Gruppenarbeit laut TZI gleichkommt. Wikis zum Beispiel werden üblicherweise von Gruppen gestaltet wo die Teilnehmer die gleichen Voraussetzungen haben (vorausgesetzt alle Teilnehmer der Gruppe haben auf jenes spezielle Wiki Zugriff). Im Normalfall wird im Vorhinein eine gemeinsame Struktur definiert, mit welcher sich die Nutzer auseinandersetzten. Betrachte ich dabei das Beispiel Wikipedia, sind viele Seiten nach der gleichen Struktur aufgebaut.

Persönlich bedeutsames Lernen kann im Web stattfinden. Wie im Kapitel Produsage angemerkt, „arbeiten" viele Menschen aus freien Stücken und oh-

---

[51]vgl. Lemke et al., 2009, S. 6

ne Bezahlung an Wikis, Blogs und dergleichen.[52] Somit ist eine persönliche
Motivation gegeben und die Nutzer beschäftigen sich aus freien Stücken mit
Themen und Interessen, der persönliche Bezug ist hiermit gegeben. Selbstverständlich dürfen schulische Aufgaben nicht außer Acht gelassen werden,
wird an einem gemeinschaftlichen Projekt gearbeitet, kann die persönliche
Motivation selbstverständlich auch fernbleiben. Was bleibt, ist die Aufgabe mit den anderen Teilnehmern zu lösen. In solchen Situationen sollte die
Ausgangssituation verändert werden, damit die Schüler oder Studenten den
persönlichen Bezug herstellen können. Wie in der TZI beschrieben, sollten
anfängliche Störfaktoren geklärt werden. Lemke et al. (2009) beschreiben
in ihrem Artikel wie sich Web 2.0 positiv auf Lernen auswirkt. Sie legen 7
Prioritäten für einen Erfolg fest [17]:

1. Keep students interested an engaged in school

2. Meet the needs of different kinds of learners

3. Develop critical thinking skills

4. Develop capabilities in students that can´t be acquired through
   traditional methods

5. Provide alternative learning environments for students

6. Extend learning beyond the school day

7. Prepare students to be lifelong learners (S. 7)

Sie beschreiben vor allem, dass Web 2.0 Anwendungen sich positiv auf
die Lehrer-Eltern-Kommunikation, Student-Lehrer-Beziehung und Student-
Student-Beziehung auswirken. In welchen Bereichen des weiteren positive
Auswirklungen des Einbinden von Web 2.0 Anwendungen in den Unterricht
hat, zeigt folgende Grafik (siehe Abb. 4.5): aus dem Artikel von Lemke et al.:
Vorwiegend positive Auswirklungen des Web 2.0 sind laut dieser Umfrage
in Schulen erzielt worden, womit sich ein Lernerfolg bestätigen lässt.

---

[52]vgl. Willems, 2008, S. 171

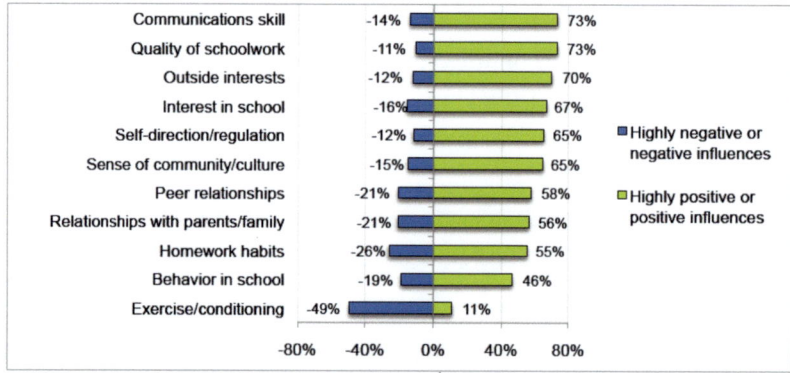

n=1827 (Superintendents and Curriculum Directors). NOTE: The 3rd option: "No Impact" is not shown here

Abbildung 4.5: Percentage of dixtrict administrators registering positive/highly positive or negative/highly negative ratings as to the effect of the use of Web 2.0 applications on aspects of a student´s life and education. (Orignialtext von Lemke et al., die Umfragen zu diesem Ergebnis fanden in 14.199 öffentlichen Schulbezirken der USA statt.)

Kapitel 5

Konzeption

Bereits Lemke et al. (2009) verweisen in ihrem Artikel auf die Notwendigkeit von Veränderungen des herkömmlichen Schulsystems durch Einbindung von Web 2.0 Anwendungen [17]:

> School district administrators acknowledged the critical need to use Web 2.0 to transform teaching and learning, and to change the structure of schools over the next decade. And yet, few had systemically begun to research, plan, or implement effective uses of Web 2.0, nor had they used Web 2.0 to restructure their schools into more participatory cultures. (S. 11)

Das Konzept verfolgt die Unterstützung des laufenden Englisch Unterrichts an der Universität von Tolima mittels Web 2.0 Anwendungen.

5.1 Ausgangslage

Für die Erstellung des Szenarios an der Universität von Tolima sind einige Punkte zu beachten. Die TZI geht davon aus, dass Lernen erst erfolgreich ist, wenn es persönlich bedeutsam ist.[1] Die wesentliche Frage ist nun, ob mittels Web 2.0 Anwendungen das Lernen persönlich bedeutsam gestaltet werden kann. Unter Berücksichtigung der TZI, den Möglichkeiten des Web 2.0 und der Ausgangslage der Universität von Tolima wird das Szenario entwickelt.

An der Universität von Tolima wird der Englischunterricht ohne Computer abgehalten. Meist bestimmt Frontalunterricht die täglichen Stunden, wobei den Studenten oft die Motivation und der Spaß am Lernen fehlen.
Der Professor des Englischjahrgangs 08 erklärte sich dazu bereit Web 2.0

---

[1]vgl. Padberg, 1998, S. 7

47

Anwendungen in den aktuellen Unterricht zu integrieren und gemeinsam
den Versuch zu starten Technologien in den Unterricht einfließen zu lassen.
Laut Lehrbeauftragten ist das Ergebnis für alle interessant, dieser Versuch
zeigt auf, ob es gelingt den Lernerfolg mittels Web 2.0 Anwendungen zu
steigern oder nicht.

Fragebogen

In Hinblick auf die Erstellung des Szenarios mussten vorab Fragen bezüglich
derzeitigem Unterricht, Themengebiete, zur Verfügung stehender Ressourcen und Wünsche des Lehrbeauftragten abgeklärt werden.[2]

- An welchen Schwerpunkten der englischen Sprache wird derzeit gearbeitet?

- Werden im laufendem Englischunterricht Computer eingesetzt?

- Wenn ja, für welche Bereiche?

- Arbeiten die Studenten gerne mit dem Computer für den Englischunterricht?

- Ist Web 2.0 ein Begriff für Sie?

- Welches Thema kann mittels Web 2.0 umgesetzt werden?

- Was sollte das Ziel dieser Arbeit für die Studenten sein?

- Wie viel Zeit ist für dieses Thema vorgesehen?

- Wie viele Unterrichtseinheiten darf ich für meinen Versuch verwenden?

- Wurde dieses Thema schon in den vergangenen Jahren erarbeitet?

- Wenn ja, wie waren die Erfolge?

- Wie viele Studenten befinden sich in der Gruppe?

- Welches Semester besuchen die Studenten (sprich wie gut sind die
  Englischkenntnisse)?

- Sind die Studenten daran gewohnt selbständig zu arbeiten?

- Welche Ressourcen stehen zur Verfügung?

- Verfügen die Studenten auch privat über Computer und Internet?

- Wie sehen Sie die Erfolgschancen für die Durchführung?

---

[2]Das vollständige Interview befindet sich im Anhang.

Zielgruppe

Die Klasse (Zielgruppe) besteht derzeit aus 20 Studenten, wobei das Vorwissen im Bezug auf Englisch sehr unterschiedlich ist. Einige der Studenten besuchten vor der Universität schon Englischunterricht und für Andere begann erst mit Eintritt in das Studentenleben der Englischunterricht. Das durchschnittliche Alter der Studenten ist 20 Jahre, männlichen sowie weiblichen Geschlechts. Die Studenten der Klasse 08 sind offen für alle Veränderungen des Unterrichts, und somit ist der Versuch eine willkommene Abwechslung.

Die Studenten beschäftigen sich derzeit mit Poesie, wobei jeder der Studenten eigene Gedichte in der englischen Sprache verfasst. Nicht nur einzelne Werke sondern auch gemeinschaftlich verfasste Gedichte sind Ziele des Unterrichts. Die Gedankengänge der Mitstudierenden zu interpretieren, zu verstehen zu kommentieren und weiter zu entwickeln ist laut dem Lehrbeauftragten der Sinn dieser Aufgabe. Es sollen nicht nur die eigenen Gedichte betrachtet werden, sondern auch die Werke der Mitstudierenden, Verbesserungen vorgenommen und Vorschläge eingebracht und akzeptiert werden.

Ziele des Lehrbeauftragten

- Das Ziel dieser Aufgabenstellung ist ein Poesiealbum des Jahrganges 08, das auch Zugang für Interessierte bietet.

- Entstehen von kreativen Ideen, Freude und Spaß am gemeinsamen Erarbeiten.

5.2   Auswahl der Anwendung

Im folgenden Abschnitt wird begründet warum ein Wiki die meisten der Anforderungen erfüllt, und somit für das Szenario eingesetzt wird.

Wikis unterscheiden sich von etlichen Web 2.0 Tools durch eine wesentliche Eigenschaft. Sie erlauben nicht nur die Verfügbarstellung von Inhalten sondern auch die gemeinsame Erarbeitung und Nutzung von Inhalten.[3] Die Inhalte können nach Themen, Kategorien, Teilnehmer, je nach belieben strukturiert werden im Gegensatz zu einem Blog, wo die Informationen chronologisch gelistet sind.[4] Diese individuelle Möglichkeit des Strukturierens ist sehr gut für die Umsetzung des Poesie Albums geeignet, da nicht nur die Gedichte sondern auch die Verfasser genannt werden sollen. Somit ist es möglich zu sehen, wer ein Gedicht verfasst hat und sich an der gemeinschaftlichen Aufgabe beteiligt. Durch die Versionshistorie eines Wiki können leicht Änderungen verfolgt und rückgängig gemacht werden, womit

---

[3]vgl. Seufert und Brahm, 2007, S 41
[4]vgl. Seufert und Brahm, 2007, S 42

eine weiter Anforderung des Lehrbeauftragten erfüllt wird.[5] Für die Verwendung sind keine speziellen Voraussetzungen nötig, womit eine Einfachheit für die Studenten gegeben ist.[6] Ein Wiki kann öffentlich oder auch privat sein[7], somit ist es nach den Anforderungen des Lehrbeauftragten für dieses Szenario erforderlich ein öffentliches Wiki zu verwenden um auch anderen Personen das Lesen der Gedichte zu ermöglichen.

Die bekanntesten Wikiplattformen sind nach Lytras et al. (2008) folgende [19]: Das pädagogische Potenzial von Wikis führen Seufert und Brahms

Wiki	URL	Open Source?	Notes
DokuWiki	docuwiki.org	Y	PHP
MediaWiki	mediawiki.org	Y	PHP (used by Wikipedia)
MoinMoin	moinmo.in	Y	Python
PmWiki	pmwiki.org	Y	PHP
TikiWiki	tikiwiki.org	Y	PHP
TWiki	twiki.org	Y	Perl
Confluence	atlassian.com	N	hosted or installed
PBwiki	pbwiki.com	N	hosted
SocialText	socialtext.com	N	hosted
WikiSpaces	wikispaces.com	N	hosted

Tabelle 5.1: Bekannte Wiki Plattformen

(2007) vor allem auf folgende Möglichkeiten zurück [24]:

- In Wikis können Ideen und Texte gemeinsam produziert und editiert werden („Communal Constructivism").
- Dadurch wird der Austausch zwischen Lernenden gefördert.
- Insgesamt kann die Qualität der produzierten Arbeit durch die gemeinsame Erarbeitung sowie durch die Einfachheit im Umgang mit diesem textbasierten Tool, aber auch durch die Öffentlichkeit der Dokumente steigen.

Nach den Prinzipien des Web 2.0 ist ein Wiki eine klassische Anwendung. Durch Teilnahme an dem Wiki transformieren die Studenten zu Prodnutzern und sind Teil der participatory culture. Das Prinzip der Nutzung kollektiver Intelligenz nach O´Reilly ist besonders stark in einem Wiki vertreten.[8]

---

[5]vgl. Alpar et al., 2007, S 68
[6]vgl. Lytras, Damiani und Ordóñez de Pablos, 2008, S. 162
[7]vgl. Seufert und Brahm, 2007, S 43
[8]vgl. O´Reilly, 2006, S. 13

Nicht nur ein Verfasser, sondern Mehrere können an der gemeinschaftlichen
Aufgabe beteiligt sein. Die Prodnutzer können Produzenten und auch Konsumenten sein.

Zudem ist ein Wiki einfach zu bedienen und erfordert somit keine speziellen technischen Kenntnisse.[9] Durch die eingebundene Versionshistorie wird
zusätzliche Sicherheit geboten. Werden versehentlich Daten gelöscht oder
eine getätigte Änderung ist nicht geglückt, kann jederzeit wieder auf die
vorhergegangene Version zurückgesetzt werden.[10] Die Versionshistorie gibt
auch Überblick, wer, was zu welchem Zeitpunkt verändert hat. Einige Wikis
bieten zudem die Möglichkeit die Versionen direkt und nebeneinander miteinander zu vergleichen.[11]
Wikis können nach persönlichen Vorlieben strukturiert werden. Es gibt keine
festen Regeln des inhaltlichen Aufbaus.[12] Die Verfasser können nach Belieben Strukturen und Formen der Inhalte verändern, es ist lediglich ratsam
sich bei „größeren" Projekten an die vorgegebenen Normen zu halten.

5.3 Program Logic Map

Anhand der gesammelten Informationen wurde eine Program Logic Map
(siehe Abb. 5.1) für die schematische Darstellung und Planung des Szenarios erstellt.

Für die Konzeption wurde versucht, die aktuelle Situation der Studenten-
gruppe sowie auch die Ziele und Zwischenziele zu beschreiben.

Kontext
Wie bereits in der Ausgangslage erwähnt, wurde das Konzept für eine Stu-
dentengruppe der Universität von Tolima, Kolumbien erstellt. Die Studenten
sollen jeweils ein eigenes Gedicht verfassen und sich auch an einem gemeinschaftlichen Gedicht beteiligen. Bisher wurde diese Aufgabe auf Papier und
im Unterricht gelöst. Der Wunsch nach Öffentlichkeit und längerer Zugriffs-
möglichkeit war stets ein Anliegen des Lehrenden. Für die Studenten selbst
gab es nur vereinzelt Möglichkeiten die eigenen Leistungen mit der der anderen Studenten zu vergleichen. Auch der eigene Lernfortschritt konnte bisher
noch nicht festgehalten werden. Da aber die Studenten kaum oder nur geringe Erfahrung mit Web 2.0 Anwendungen haben wurde nie an eine andere

---

[9]vgl. Kurz, 2006, S. 11
[10]vgl. Alpar et al., 2007, S 68
[11]vgl. Alpar et al., 2007, S 73
[12]vgl. Seufert und Brahm, 2007, S 42

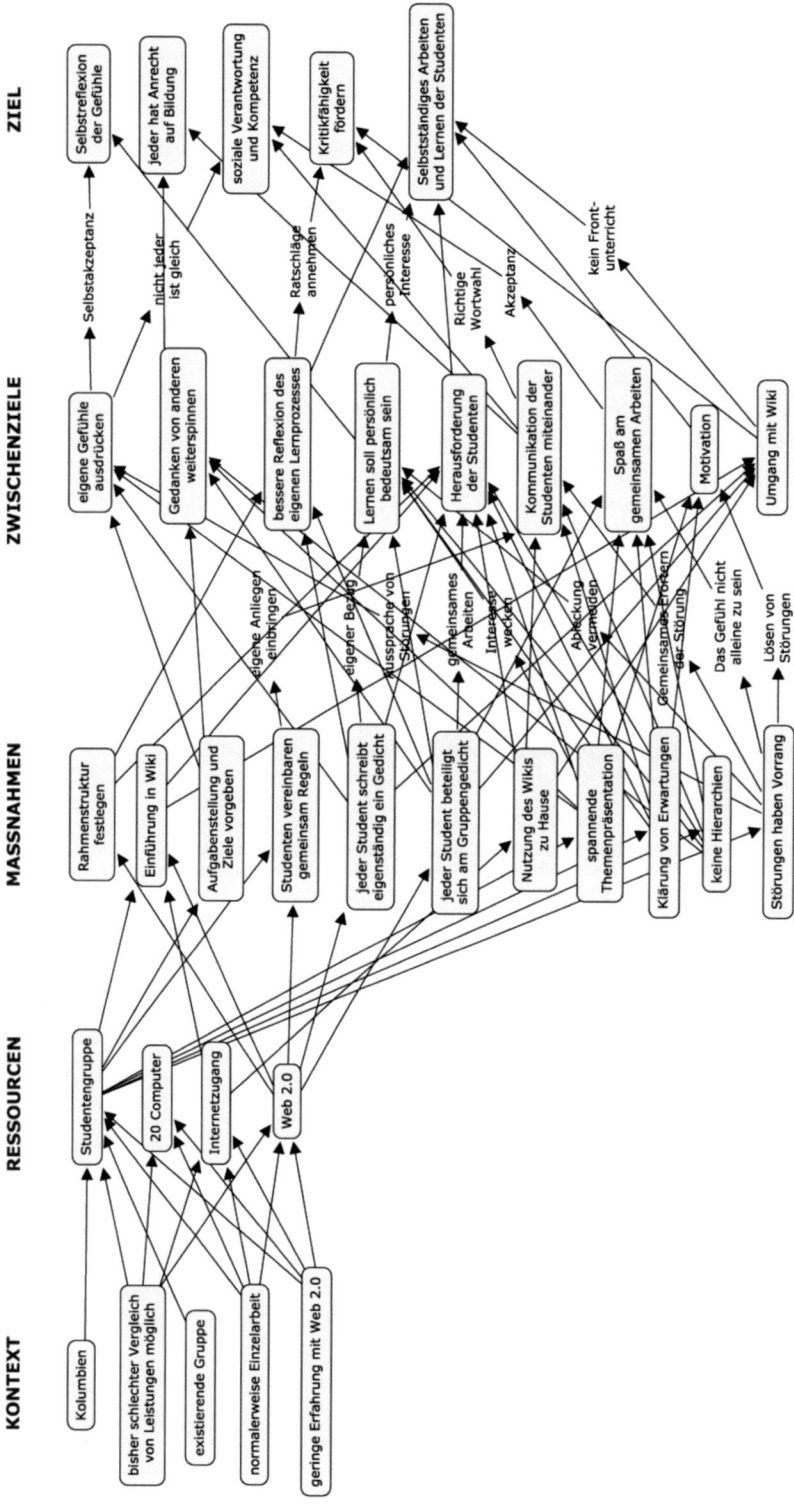

Abbildung 5.1: Konzeption anhand einer Program Logic Map

Form der Aufgabenlösung als die Papierform in Betracht gezogen.

Ressourcen

Für die Durchführung des Szenarios stand ein Raum an der Universität zur Verfügung. Dieser Raum verfügt über 20 Computer mit Internetanschlüssen. Nicht nur für den Unterricht, sondern auch für die persönliche Nutzung steht diese Räumlichkeit den Studenten täglich zur Verfügung.

Maßnahmen

Da die Studenten kaum oder nur geringe Erfahrung mit Web 2.0 Anwendungen haben ist eine wesentliche Maßnahme eine Einführung in das Wiki. Des Weiteren wird eine Hilfestellung im Wiki selbst erstellt, welche den Studenten eine weitere Unterstützung im Zuge der Bearbeitung geben soll.

Die Aufgabenstellung für die Studenten und die Vorgabe der gewünschten Ziele wird vom Lehrenden selbst an die Studenten vermittelt. Die Vorstellung des Themas sollte gut verständlich formuliert sein, nicht zu lang, aber dennoch interessant genug um den Studenten die Möglichkeit für eigene Gedankengänge zu lassen. Nach der TZI ist das Thema ein sehr wichtiger Punkt, falls es möglich ist, sollte das Thema persönliche Bezüge anbieten, denn dies kann den Einstieg in die Aufgabe erleichtern und diese persönlich bedeutsam machen.

Um die Studenten auf die neue Situation einzustellen ist es empfehlenswert die Grundhaltungen der TZI vorzustellen. Es ist wichtig, dass sich die Studenten persönlich (ICH) angesprochen fühlen und auch ein Gefühl für die Gruppe (WIR) entsteht. Für diese Grundhaltung wurde eine Einleitung gewählt, wobei sich vor der Arbeit alle Studenten über ihre Einstellung bezüglich der Aufgabe äußern sollten.

Die Studenten sollten jeweils ein eigenes Gedicht verfassen, welche ihre Gefühle zum Ausdruck bringen. Auch die Beteiligung an einem gemeinschaftlich erstellten Gedicht ist Teil der Aufgabenstellung des Lehrenden. Mit dieser Teilaufgabe beabsichtigt der Lehrende die Zusammenarbeit und die Akzeptanz unter den Studenten zu fördern.

Aus diesem Grund werden im Vorhinein gemeinsame Regeln mit den Studenten vereinbart, welche die Bearbeitung des gemeinschaftlichen Gedichtes betreffen. Es soll darauf geachtet werden, keine hierarchischen Strukturen aufzubauen, da dies möglicherweise das Ergebnis beeinflussen könnte.

Den Studenten soll ein sehr wichtiger weiterer Punkt der TZI näher gebracht werden. Störungen sollen nicht als negative Aspekte angesehen werden, sie sollen Vorrang haben und durch deren Lösung der Weg zum gemeinsamen Ziel erleichtert werden.

Zwischenziele

Die erwarteten Zwischenziele ergeben sich zum einen durch die geplanten Maßnahmen und zum anderen durch die Anforderungen des Lehrenden.

Durch die gesetzte Maßnahme des eigenständigen Schreibens eines Gedichtes ergibt sich als Zwischenziel das Ausdrücken der eigenen Gefühle.
Die Studenten sollen Spaß am gemeinsamen Erarbeiten des Gedichtes haben. Bei Fragen oder Unklarheiten steht die Kommunikation der Studenten untereinander im Vordergrund, denn sie trägt dazu bei etwaige Probleme oder Konflikte lösen zu können.

Für die Studenten sind das Vergleichen der Arbeiten und das Sammeln von Ideen weitere Aspekte die hilfreich für die Aufgabenlösung sein können. Ein Vergleich von Leistungen und eine bessere Reflexion des eigenen Lernprozesses wird ermöglicht.

Des Weiteren sollte durch die Abwechslung im Unterricht, spielerisches Handeln und Denken förderlich für die Motivation sein.

Nicht zu Vergessen ist das Erlernen des Umgangs einer Web 2.0 Anwendung, einem Wiki. Es wird angenommen, dass durch dieses Szenario das Wissen der Studenten diesbezüglich gesteigert werden kann.

Die Studenten sollen den Inhalt als wichtig für die eigenen Interessen wahrnehmen und eine persönliche Beziehung aufbauen. Der praxisnahe und der soziale Kontext zum laufenden Englisch-Unterricht und der Gruppe soll Unterstützung bieten um den persönlichen Bezug herzustellen.

Ziele

Die Ziele des Szenarios ergeben sich aus den Anforderungen des Lehrenden und aus den gesetzten Maßnahmen. Durch das Schreiben der eigenen Poesie, wobei die eigenen Gefühle zum Ausdruck gebracht werden, können die Studierenden sich über die eigenen Gefühle bewusst werden.

Der gemeinschaftliche Teil der Arbeit hat zum Ziel die sozialen Kompetenzen und die Kritikfähigkeit zu fördern. Nicht jedem fällt es leicht Kritik zu verkraften und mit dieser umzugehen.

Die Aufgabenerfüllung erfolgt rein durch die Studenten, selbständiges Arbeiten und Lernen der Studenten ist somit ein wichtiges Ziel, dass für diese Aufgabe und auch später Nachfolgende erhofft wird.

Das Zusammenspiel der TZI und Web 2.0 wirft viele Fragen auf. Ist es überhaupt möglich persönlich bedeutsames Lernen mit Web 2.0 zu erreichen oder nicht? Im folgenden Abschnitt werden die wichtigsten Fragen diesbezüglich festgehalten. Es wird versucht diese Fragen mittels des Szenarios an der Universität zu beantworten.

5.4 Handlungsleitende Fragen

Es soll herausgearbeitet werden, wie wichtig die persönliche Entwicklung ist. Die Entwicklung macht nicht Halt, auch das Lernen muss angepasst werden. Durch einen Versuch an der Universität von Tolima wird sich herausstellen ob neue Lernmethoden für die Studenten einen Fortschritt darstellen und eventuell sogar einen besseren Lernerfolg versprechen. Für mich persönlich sind die Wichtigsten die sich im Zuge dieser Studie stellen, folgende:

- Was kann die TZI für dieses Szenario bieten?

- Können Störfaktoren gemeinsam in der Gruppe beseitigt werden?

- Fördert oder behindert der Einsatz von Web 2.0 Anwendungen ein TZI Szenario?

- Kann mit Einbindung von Web 2.0, persönlich bedeutsames Lernen im Unterricht gefördert werden?

Im Anschluss des Szenarios an der Universität der Tolima wird mittels Fragebogen[13] das Ergebnis der Durchführung ermittelt.

---

[13]Der Fragebogen ist im Anhang dieser Studie zu finden.

Kapitel 6

Szenario

6.1 Beschreibung des Szenarios

Am 1. Juli wurde das Szenario an der Universität von Tolima durchgeführt.
Als einführende Motivation wurde von dem Lehrbeauftragten ein Gedicht
vorgetragen und somit ein Übergang zur Aufgabenstellung gegeben. (Die
Studenten wurden vorab von dem Lehrbeauftragten über die Durchführung
dieses Szenarios informiert).

Die Seite von wetpaint.com erschien mir eine gute Auswahl für die Umsetzung dieses Szenarios da es nicht nur über einfache Funktionen eines Wikis,
sondern auch über ein inkludiertes Forum und weitere zusätzliche Features verfügt. Wetpaint.com ist ein Mix aus Internetanwendungen wie Wikis,
Blogs, Forums und sozialen Netzwerken.[1]

In der ersten Unterrichtseinheit wurde eine kurze Einführung in die Arbeitsweise eines Wikis gegeben und anschließend die Aufgabe gestellt. Jeder
Student sollte ein eigenes Gedicht verfassen und zusätzlich an einem Ge-
meinschaftsgedicht arbeiten. Die Fragestellungen der Studenten zu dieser
Aufgabe gestalteten sich sehr unterschiedlich. Meist ging es aber um Rah-
menkriterien des Gedichtes. Nur wenige der Studenten benötigten Hilfe bei
der Arbeit mit dem Wiki. Als weitere Hilfestellung befanden sich im Wiki vorher eingerichtete Beispielseiten und eine Anleitung zum Erstellen der
Gedichte.

Folgende Abbildung zeigt den Ausgangszustand der gewählten Anwendung
als Screenshot (siehe Abb. 6.1):

Als kleine Hilfe wurde die Arbeitsschritte auch auf der Startseite vermerkt
(siehe Abb. 6.2). Für die Arbeitsweise der Studenten wurde diese Vorgehens-

---

[1]Quelle: www.wetpaint.com; abgerufen am: 09.06.2009

Abbildung 6.1: Screenshot der Startseite
Quelle: http://poetryalbum.wetpaint.com; abgerufen am: 15.06.2009

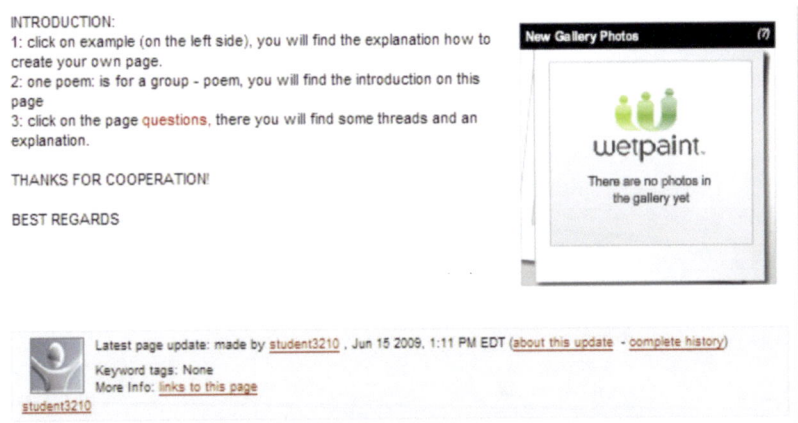

Abbildung 6.2: Screenshot der Instruktionen
Quelle: http://poetryalbum.wetpaint.com; abgerufen am: 15.06.2009

weise empfohlen, aber galt nicht als verpflichtend.

Das Erstellen einer neue Seite wurde unter dem Bereich Example nochmals für die Studenten erklärt (siehe Abb. 6.3). Jeder Student hatte die Aufgabe ein eigenes Gedicht auf einer eigenen Seite zu verfassen und mit dem Namen zu versehen.

Für die gemeinschaftliche Erstellung eines Gedichtes wurde die Seite bereits im Vorhinein eingerichtet (siehe Abb. 6.4). Diese Aufgabe gestaltete sich etwas schwieriger, da alle gemeinsam an dieser Aufgabe beteiligt waren. Jeder Student erstellte einen Teil eines Gedichtes (versehen mit seinem Namen) und trug somit zum Gesamtwerk bei.

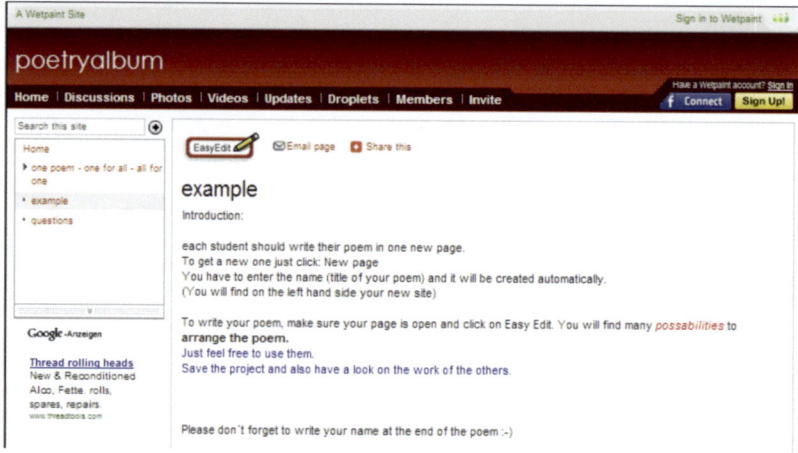

Abbildung 6.3: Screenshot einer Beispielseite
Quelle: http://poetryalbum.wetpaint.com/page/example; abgerufen am: 15.06.2009

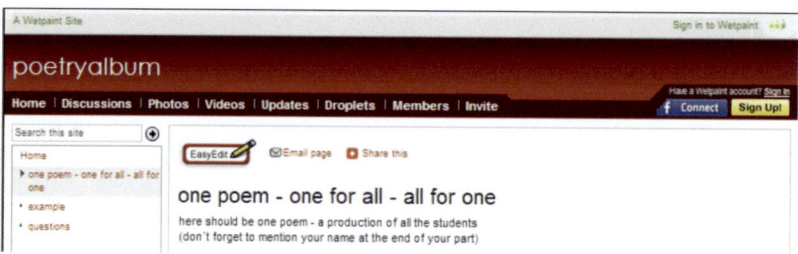

Abbildung 6.4: Screenshot der Gemeinschaftsarbeit
Quelle: http://poetryalbum.wetpaint.com/page/one+poem+-+one+for+all+-+all+for+one; abgerufen am: 15.06.2009

Als Vorsorge wurde auch eine Seite mit den Fragen des Interviewleitfadens erstellt. Die Studenten hatten somit die Möglichkeit sich schon im Vorhinein Antworten auf die Fragen zu überlegen, oder bei Fehlen am Tag des Interviews die Möglichkeit diese online zu beantworten (siehe Abb. 6.5).

Wetpaint.com bietet die zusätzliche Funktion von threads, für welche ich mich für die Darstellung der Fragen entschieden habe (siehe Abb. 6.6). Die Studenten hatten somit mehrere Möglichkeiten um die Fragen zu beantworten.

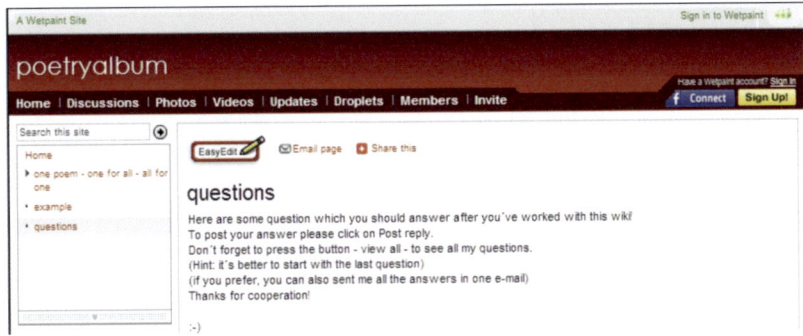

Abbildung 6.5: Screenshot der Frageseite
Quelle: http://poetryalbum.wetpaint.com/page/questions; abgerufen am:
15.06.2009

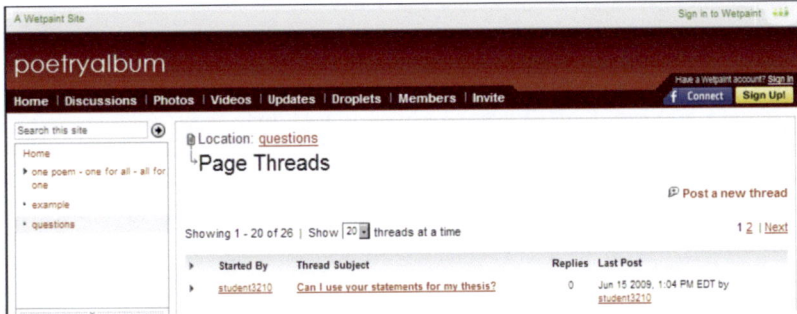

Abbildung 6.6: Screenshot der Fragen
Quelle: http://poetryalbum.wetpaint.com/page/questions/thread; abgerufen am: 15.06.2009

Die Durchführung des Szenarios wurde mit 3 Stunden angesetzt, welche
auch ausreichend waren um die Aufgabenstellung zu klären und den Studenten die nötige Unterstützung zu bieten. Falls die Studenten in dieser
Zeit die gestellte Aufgabe nicht bewältigen konnten, wurde die Möglichkeit
gegeben, das Gedicht von zu Hause aus zu vervollständigen. Die Interviews
mit den Studenten erfolgte einen Tag nach der Durchführung, womit alle
Studenten genügend Zeit hatten die Aufgabe zu beenden.

Weitere von webpaint.com bereitgestellt Features wie Foren wurden in diesem Szenario nicht von den Studenten benutzt, da der Austausch persönlich
in den Englischklassen erfolgte. Geht man davon aus, dass ein persönlicher
Austausch nicht stattfinden kann, könnte dieses Feature eine wesentliche
Verbesserung der Kommunikation darstellen.

6.2   Einsatzgebiet

Das Szenario wurde in der Universität von Tolima unter der Leitung des
Lehrbeauftragten durchgeführt. 20 Studenten wurden mit der Durchfüh-
rung der Aufgabe betraut und schrittweise in das System eingeführt. Die
Anpassung des Szenarios an den laufenden Englischunterricht war ein großes
Kriterium, denn nur so war die Durchführung an der Universität möglich.
Für die Studenten bedeutete dies keinen zusätzlichen Aufwand und für den
Lehrbeauftragten eine weitere Möglichkeit den Unterricht kreativer zu ge-
stalten.

Die Universität ist technisch gut ausgestattet und stellt den Studierenden etliche Räume mit Computern und Internet zur Verfügung. Die Durchführung
fand während der üblichen Englischstunden statt, wobei die Studenten auch
die Möglichkeit hatten an der gestellten Aufgabe zu Hause weiterzuarbeiten.

6.3   Program Logic Map

Ausgehend von der Program Logic Map der Konzeption ergaben sich ge-
ringfügige Abweichungen bei der tatsächlichen Durchführung des Szenarios.
Anhand der Erfahrung mit den Studenten wurde eine weitere Program Logic Map (siehe Abb. 6.7) für die schematische Darstellung der Durchführung
des Szenarios erstellt.

 Für die Konzeption wurde versucht, die aktuelle Situation der Studenten-
gruppe sowie auch die Ziele und Zwischenziele zu beschreiben.

Kontext
Wie bereits in der Konzeption erwähnt, wurde das Szenario mit einer Stu-
dentengruppe der Universität von Tolima, Kolumbien durchgeführt.

Bei der Konzeption wurde davon ausgegangen, dass es nur einen schlechten
Vergleich von Leistungen gab und Arbeiten normalerweise als Einzelarbeiten
getätigt werden. Mit die Durchführung dieses Szenarios fand erstmals eine
Gruppenarbeit der anderen Art an der Universität statt. Das Szenario wurde mit Hilfe der Web 2.0 Anwendung Wiki erfolgreich durchgeführt. Wobei
die Studenten anfänglich etwas zurückhaltend einem Wiki gegenüberstan-
den, was sich auf mangelnde Erfahrung zurückführen ließ.

Ressourcen
Für die Durchführung des Szenarios stand ein Raum an der Universität zur
Verfügung. Üblicherweise besitzt dieser Raum 20 Computer mit Internetan-
schlüssen, jedoch musste an dem Tag der Durchführung ein Leitungsausfall

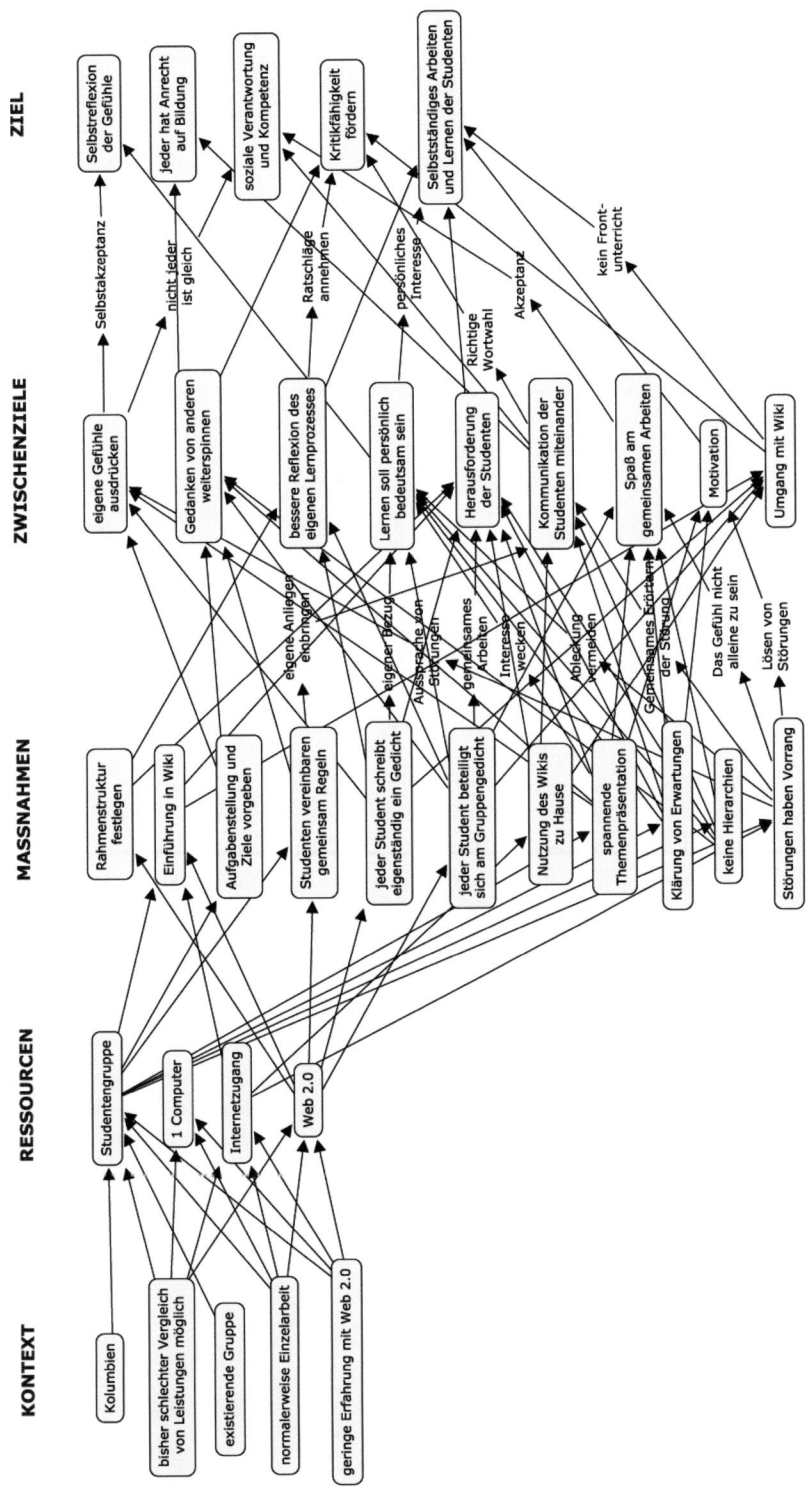

Abbildung 6.7: Szenario anhand einer Program Logic Map

der Internetverbindung festgestellt werden. Durch diesen Mechanismus stellte sich die erste Störung des Szenarios ein. Es konnte nicht wie geplant ein Szenario mit den Studenten an 20 Computern durchgeführt werden, sondern es stand lediglich ein Notebook mit Internetzugang zur Verfügung. Ausgehend von dieser ersten Störung wurden dennoch die Maßnahmen des Szenarios durchgeführt.

Maßnahmen

Durch den Ausfall aller Computer wurde die Einführung in das Wiki nicht wie geplant von jedem einzelnen Studenten an einem eigenen Computer mitverfolgt, sondern diese an der Projektionsleinwand vorgeführt, wobei immer wieder auf die Hilfestellung im Wiki selbst verwiesen wurde.

Die Aufgabenstellung für die Studenten und die Vorgabe der gewünschten Ziele wurde vom Lehrenden selbst an die Studenten vermittelt. Die Vorstellung des Themas war gut formuliert und interessant formuliert. Der Lehrende verknüpfte mit Aufgabe mit vorangegangenen Aufgaben um somit einen besseren Bezug für die Studenten herzustellen.

Den Studenten wurde ein sehr wichtiger weiterer Punkt der TZI näher gebrach. Störungen sollen nicht als negative Aspekte angesehen werden, denn sie sollen Vorrang haben und durch deren Lösung der Weg zum gemeinsamen Ziel erleichtert werden.

Nach Klärung der Rahmenstruktur wurden die Erwartungen der Studenten erfragt. Jeder Student äußerte sich darüber was er von dieser Durchführung erwartet. Der Grossteil der Gruppe empfand dieses Szenario als Herausforderung und waren somit sehr positiv gegenüber dem Versuch eingestellt. Lediglich 20 Prozent der Studenten äußerten sich gelangweilt und im negativen Sinne. Durch die vorangegangene Maßnahme „Störungen haben Vorrang" wurden diese Einstellungen ernst genommen und in der Gruppe darüber gesprochen.
Die Beteiligung der Studenten war sehr gut, jeder der Studenten verfasste ein Gedicht und beteiligte sich am gemeinschaftlichen Projekt. Die Studenten hatten während sie auf die Verfügbarkeit des Computers warteten die Möglichkeit Ideen und Gedanken untereinander auszutauschen, wodurch einige der vorher konzipierten Zwischenziele wie Kommunikation der Studenten miteinander erreicht wurden.

Zwischenziele

Die geplanten Zwischenziele wurden größtenteils erreicht. Durch die vorhergegangene Störung der Internetverbindung, kommunizierten die Studenten während der Durchführung über das Geschehene und über das gemeinschaftliche Gedicht.

Die eigenen Gefühle wurden nicht nur im Wiki verfasst, sondern auch in der Gruppe besprochen. Gedanken und Ideen wurden übernommen und an eigenen gemessen.

Durch die Festlegung von gemeinsamen Regeln fand die Arbeit geregelt statt. Die Studenten gingen so weit, dass sie sogar bei der Erstellung der Regeln auch die Gedanken von anderen übernahmen und ergänzten. Eine Annahme könnte somit sein, dass das vorhergegangene Gespräch über Regeln und Rahmenstrukturen die Studenten so weit beeinflusst hat, auch für den Punkt der Erstellung des gemeinsamen Gedichts diese ernsthaft zu berücksichtigen.

Ziele

Aus meiner Beobachtung haben sich die Ziele der Konzeption erfüllt.
Zusätzlich konnte beobachtet werden dass das „Weiterspinnen der Gedanken" nicht nur für Gleichberechtigung steht wie angenommen, sondern auch die Kritikfähigkeit fördern. Das gemeinschaftliche Gedicht wurde tatsächlich in der Gemeinschaft erstellt, wobei auch die eine oder andere Kritik geäußert wurde.

Das einzelne Gedicht jedes Studenten wurde durch eigene Gefühle ausgedrückt, wobei die Kommunikation der Studenten immer im Vordergrund stand. Durch das starke Gefühl der Gemeinschaft und der Wunsch nach einem guten Ergebnis waren die Studenten sehr an der Aufgabenerfüllung interessiert.

Studenten die etwas schwächer im Umgang mit der Englischen Sprache sind, wurden tatkräftig unterstützt und aufgemuntert. Die Annahme, dass Kommunikation und das Ausdrücken der eigenen Gefühle die soziale Kompetenz und Verantwortung fördert tritt in den Vordergrund.

Abschließend möchte ich anmerken, dass nach den anfänglichen Problemen die Durchführung des Szenarios sehr positiv verlaufen ist. Mich selbst hat der starke Gruppenzusammenhalt und die Kommunikation der Studenten untereinander beeindruckt. Wie die einzelnen Maßnahmen die Ziele beeinflusst haben wird im nachfolgenden Kapitel näher beschrieben.

Kapitel 7

Ergebnisse

Anhand der oben vorgestellten Hauptaspekte und den daraus entstandenen Leitfragen wurden die Interviews mit den Studenten durchgeführt. Die Interviews[1] geben Aufschluss darüber ob persönlich bedeutsames Lernen mit Hilfe Web 2.0 Anwendungen stattfinden kann.

7.1 Ergebnisse der Studentenbefragung

Die Befragung der Studenten umschloss folgende Fragen:

Erledigst du deine Hausaufgaben normalerweise mit dem Computer?
Die meisten Studenten, welche an der Durchführung des Szenarios beteiligt waren, verwenden den Computer als Hilfsmittel für die Hausübungen. 10 Prozent erledigen die Hausübungen am Papier, da ihnen der tägliche Computerzugang fehlt.

Verwendest du Web 2.0 Tools wie Wikis, Blogs, Netzwerke? Wozu verwendest du sie? Werden die Anwendungen auch genutzt um Gruppenaufgaben zu lösen?
Web 2.0 Anwendungen stehen bei den Studierenden hoch im Kurs. Für den Unterricht werden diese Anwendungen jedoch kaum eingesetzt. Die meistgenannten Anwendungen sind Facebook, Wikipedia und Blogs. Die Verwendung der Anwendungen beläuft sich auf Informationssuche und Kontaktpflege. Vor allem Facebook spielt bei den Studenten eine wichtige Rolle.

Hattest du vor der Aufgabe schon einen persönlichen Bezug zum Thema?
Einen persönlichen Bezug hatten nur 50 Prozent der Studierenden vor der

---

[1]Die geführten Interview können im Anhang nachgelesen werden.

Durchführung des Szenarios. Der Gedanke an englische Gedichte behagte nicht jedem.

Hast du dich bei der Bearbeitung der Aufgabe wohl gefühlt?

Alle haben sich bei der Bearbeitung wohl gefühlt. Nur ein Student erwähnte Schwierigkeiten mit der englischen Poesie und ein weiterer Schwierigkeiten mit dem Computer. Diejenigen, die sich bei der Aufgabe wohl fühlten gaben vor allem Gründe wie frei von Regeln, das leichte Erlernen einer Fremdsprache, das Interesse an Gedichten und vor allem die Nutzung eines Wikis an. Das Arbeiten auf eine neue, andere Art war für die Studenten ausschlaggebend um ihr Interesse zu wecken.

Hat dich die Anwendung für die Erstellung der Aufgabe angesprochen?

Nur ein Student war mit der Anwendung nicht zufrieden, auf Nachfrage warum, wurden fehlende Computerkenntnisse als Begründung angemerkt. Der Großteil der Studenten befand die Anwendung sehr leicht verständlich und interessant. Die Anwendung gefiel vor allem durch eine gute Strukturierung und durch die vielseitig gebotenen Möglichkeiten. Es wurde angemerkt, dass die Anwendung besser sei, als dass üblich verwendete Papier.

Wurde dir verständlich vermittelt was die Aufgabe ist?

Die Studierenden hatten keine Probleme beim Verständnis der Aufgabe. Als besonders hilfreich wurde die Hilfestellung im Wiki selbst erwähnt.

Wie beurteilst du deinen Lernprozess anhand dieser Aufgabe?

Den eigenen Lernprozess beurteilten alle der Studenten gut bis auf zwei, für welche der Prozess eher zufrieden stellend war. Als sehr gut empfanden 6 Studierende ihren Lernprozess. Es wurde vor allem angemerkt das es gut war andere Arten des Lernens als Frontalunterricht kennen zu lernen. Auch die Arbeit in der Gruppe hat den Studenten sehr gut gefallen.

Was war für dich wichtig oder neu?

Als wichtig und neu wurde die Anwendung, sprich das Wiki selbst gesehen. Da diese Form von Unterricht für die Studenten eine neue Erfahrung war wurde auch noch die Situation und die Gruppenarbeit als neu eingestuft. Das Lernen neuer Wörter fällt natürlich auch in diesen Bereich. Wichtig war für die Studenten vor allem das Ausdrücken der Gefühle und Empfindungen. Übungen dieser Art sollten gerne öfters in den Unterricht eingebunden werden.

Was hat deine Lernenergie freigesetzt?

Die Lernenergie wurde durch verschiedenste Auslöser freigesetzt. Die interessante Umsetzung der Aufgabe ist für die Studenten ein sehr wichtiger

Aspekt bei der Freisetzung. Jedoch auch die gleiche Anzahl nannte ein gutes Resultat als wichtigen Aspekt. Es ist zu merken, dass immer noch die Wichtigkeit von Noten im Vordergrund steht. Als weitere Auslöser wurden Erinnerungen an vergangene Erlebnisse, das Thema, die Kollegen, die Qualität und die Herausforderung genannt.

Was hat dich behindert?

Bis auf drei der Studenten gab es keine hinderlichen Umstände. Genannt wurden Probleme mit der Anwendung, was wiederum auf mangelnde Computerkenntnisse und Zeitmangel zurückzuführen war. Für die Studenten wäre es besser gewesen, solch ein Szenario am Anfang des Semesters zu starten und über das ganze Semester hinweg zu verfolgen. Die Durchführung fand in der letzten Woche des Semesters statt.

Was hat dich bei der Aufgabenbearbeitung beeinflusst?

Als stärkste Beeinflussung steht nach wie vor die Note im Vordergrund. Das Bestreben der Studenten eine gute Note zu erreichen wird oftmals zu stark in den Vordergrund gedrängt. Starken Einfluss hat auch die Gruppe auf das Geschehen genommen. Der Umgang mit dem Computer wurde für manchen zur Herausforderung. Vereinzelt wurden noch Gefühle, eine offene Einstellung, Poesie und Zeit genannt.

Wie empfandst du die Zusammenarbeit mit den anderen Studenten?

Die Gefühle in der Gruppe waren sehr angenehm. Die meisten Studenten fühlten sich sehr gut und schätzten die Hilfestellungen der Anderen. Lediglich ein Student bevorzugt nach wie vor die Einzelarbeit. Auf die Anderen zu warten, oder andere Meinungen zu akzeptieren ist keine seiner Stärken laut eigenen Angaben.

Gab es Störungen bei der Bearbeitung der Aufgabe? Wenn ja, wie wurden sie gelöst?

Im Großen und Ganzen wurden keine Störungen angemerkt. Jene Studenten die Störungen erwähnten bezogen diese eher auf Probleme mit den Eltern, fehlende Zeit und nicht zu vergessen vereinzelte Probleme mit der Anwendung.
Da die vorher genannten Probleme eher privater Natur waren konnte in der Gruppe nicht viel erreicht werden. Den Studenten war es auch peinlich über Probleme mit den Eltern zu sprechen. Dem Studenten mit den Anwendungsschwierigkeiten wurde selbstverständlich geholfen und das Problem gelöst.

Wurde deine Arbeit anerkannt?

Alle Studierenden bis auf Einen bemerkten dass ihre Arbeit positiv gesehen wurde. Einige waren richtig stolz auf ihr Werk, welches auch durch Lob von den Kollegen bestätigt wurde.

Wie gefällt dir die Arbeit der anderen?

Die Studenten waren eine wirklich gute Gruppe. Die Arbeiten untereinander wurden hoch geschätzt und anerkannt. Auf die Befragung hin, wie die anderen Gedichte sind, kamen Antworten wie eine Inspiration, gute Ideen, schöne Gefühle, sehr interessant, eine Symphony, eine nette Gruppe und es befinden sich Poeten in der Gruppe.

Wie gefällt dir das Gruppenresultat? Woran machst du das fest?

Das Gruppenresultat hat alle begeistert. Vor allem das Gefühl in der Gruppe stärkte die Studenten gemein. Das Resultat gefällt ihnen vor allem da sie die Gedichte öfters lesen können und auch Familie oder Freunden präsentieren können. Ein paar Studenten merkten an, dass ein noch besseres Ergebnis zustande gebracht hätte werden können wenn mehr Zeit zur Verfügung gewesen wäre.

Würde dir eine andere Anwendung besser gefallen?

Die Anwendung empfanden alle Studenten als gut gewählt. Wobei auch zu bemerken ist, dass 4 Studenten keine Erfahrung mit Web 2.0 Anwendungen dieser Art hatten.

Hat dich etwas an der Anwendung gestört? Wenn ja, was?

Die Anwendung wurde als einfach und konkret eingestuft und wurde vollkommen von den Studierenden akzeptiert. Ein einfacher Umgang mit der Anwendung ist für den Unterricht maßgeblich gewesen, da keine Zeit zur Verfügung stand eine extrem aufwendige Anwendung auszuprobieren. Laut den Prinzipien von Web 2.0 Anwendungen geht es vor allem um die Einfachheit der Anwendungen. Eine einzige Anmerkung im Bezug auf die Anwendung war zu verzeichnen, es wurde nach mehr Bildern gefragt, damit die Anwendung noch mehr Spaß bringt.

War die Aufgabe für die persönlich bedeutsam?

Die Teilnehmer des Szenarios befanden die Aufgabe als persönlich bedeutsam. Es wurde jedoch nicht nur der Zugang zum Thema als persönlich bedeutsam angesehen. Für einige von ihnen war die Arbeit mit dem Computer und für andere die Gruppenarbeit von persönlicher Bedeutung. Die Aufgabenstellung wurde mit Erinnerungen verknüpft und als angenehm empfunden.

Hast du durch die gestellte Aufgabe eigenverantwortlich bearbeitet?

Die Aufgabe wurde größtenteils eigenständig bearbeitet. Bei drei Studierenden halfen die Kollegen mit, was sich aber eher auf den Umgang mit dem

Computer bezog.

Wie war deine Motivation bezüglich der Aufgabenstellung?
Die Motivation der Aufgabe war sehr groß. Eine neue Art zu Lernen war
und ist eine willkommene Abwechslung für die Studenten. Für zwei Studenten machte die Art des Unterrichts keinen Unterschied, für sie ist es egal ob
sie nur im Klassenzimmer sitzen oder ob sie mit einer Anwendung arbeiten,
denn englisch müssen sie so oder so lernen.

Hast du etwas bei der Bearbeitung der Aufgabe gelernt?
Bei der Bearbeitung der Aufgabe wurde nicht nur Englisch gelernt, sondern
gleichermaßen auch der Umgang mit dem Computer, der Gruppe und dem
Wiki. Als weitere Antworten sind des weiteren Kooperation und Spaß gefallen.

**Hast du etwas für deine persönliche Zukunft bei der Aufgaben-
bearbeitung gelernt?**
Die Studierenden sind sich einig darüber auch etwas für die persönliche Zukunft gelernt zu haben. Vor allem den Umgang mit der Gruppe und die
Akzeptanz den anderen Gegenüber haben sich gestärkt. Erwähnenswert ist
auch der Umgang mit einer neuen Anwendung. Viele der Teilnehmer wol-
len in ihrem späteren Berufsleben Lehrer werden und sprechen vom Einsatz
solcher Technologien in ihren Unterricht.

Hast du Verbesserungsvorschläge?
Als Verbesserung wurde mehr Zeit für die Aufgabe eingebracht. Generell
würden die Studenten gerne öfters mit solchen Anwendung arbeiten, denn
es bringt für sie mehr Spaß und sie haben mehr Freiraum für Kreativität.

Darf ich deine Aussagen für meine Studie verwenden?
Einstimmig: JA

Zusammenfassend kann gesagt werden, dass die Durchführung den Studenten sehr viel Spaß gemacht hat. Die Beteiligung an der Aufgabe ist mit
großer Begeisterung erfolgt. Ich denke nicht dass das Thema der Poesie und
die englische Sprache im Vordergrund für die Studenten standen, sondern
die Abwechslung. Das Gefühl etwas Neues zu entdecken und auszuprobieren. Anfangs wurde erwähnt, dass manche Studenten keinen persönlichen
Bezug zum Thema besitzen, aber letztendlich war die Aufgabe doch für alle
persönlich bedeutsam.

7.1.1   Welche offenen Fragen stellen sich von den Antworten der Studierenden?

Die Beantwortungen der Studenten waren vereinzelt sehr unterschiedlich, wobei sich neue Fragen aus den Antworten der Studenten herleiten lassen.

Ist es wirklich sinnvoll den laufenden Unterricht umzustellen?
Eine Studentin merkte an, dass es sicher für viele Studenten und Lehrende eine große Umstellung ist Web 2.0 Anwendungen in den laufenden Unterricht einzubringen. Sie ist sich nicht sicher ob diese Veränderungen auch wirklich positiv sind.
Kann überhaupt behauptet werden, dass diese Veränderungen positiv sind?

Ist es von Vorteil die Arbeit in der Gruppe zu stärken?
In diesem Szenario wurde bestätigt, dass Gruppen gut zusammenarbeiten können und ein gutes Ergebnis geliefert werden kann. Aber wie sieht es aus, wenn viele schwache Teilnehmer in einer Gruppe sind, wird es dann nicht zur Gefahr, dass die „guten" Teilnehmer zwar soziale Verantwortung übernehmen, aber nichts für ihre eigene Bildung gewinnen.

Ist es gut sich nur auf den Computer als Hilfsmittel für Übungen zurückzugreifen?
Wenn alles nur mehr mit dem Computer stattfindet, besteht dann nicht auch die Gefahr, dass nur einseitig gedacht wird? Was würde passieren wenn alle Netzwerke ausfallen, könnten dann gar keine Übungen mehr gemacht werden?

7.2   Ergebnisse der offenen Fragen

Im Laufe der Studie sind nicht nur Fragen an die Studenten entstanden, sonß-dern auch Frage darüber hinaus, die das Szenario betreffen.

Was war wirksam in diesem Szenario?
Als sehr wirksam empfinde ich, dass die Gruppe so viel Vertrauen zu einander hatte. Es war gut mit einer Gruppe zu arbeiten die vorher schon als Gruppe miteinander bekannt war. Durch die Einleitung und das Vereinbaren der Regeln, konnte beobachtet werden wie der Zusammenhalt und das Vertrauen innerhalb der Gruppe immer besser wurde. Die schwächeren Teilnehmer wurden nicht zurück gelassen sondern genauso stark in die Gruppe integriert. Somit kann man annehmen, dass das Vereinbaren von Regeln und Rahmenbedingungen eine wichtige Grundvoraussetzung sind um den gemeinsamen Umgang miteinander zu unterstützen.

Des Weiteren war die Idee des Lehrbeauftragten mit der Poesie sehr wirksam um das Gruppenverständnis zu verstärken. Das Ausdrucken der Gefühle machte einige der Studenten sehr nachdenklich und auch offener und anteilnehmender an den Gefühle Anderer.

Sehr positiv war die Kommunikation und den Spaß den die Studenten miteinander bei der Aufgabenbewältigung hatten.

Studenten die im Vorhinein nicht so begeistert waren, wurden von den anderen mitgezogen und sehr gut unterstützt. Die Studierenden hätten nach der Einführung keine Hilfestellung mehr benötigt, denn sie arbeiteten auch so selbständig. Es kann angenommen werden, dass durch dieses Szenario die soziale Kompetenz und Verantwortung der Studenten weiter geprägt worden sind.

Wirksam war das Einbringen einer neuen Idee, einer neuen Anwendung. In Kolumbien wird normalerweise nicht viel mit dem Computer im Unterricht gearbeitet. Durch dieses Szenario hatten die Studenten Gelegenheit etwas Neues zu lernen und zu entdecken. Wage angenommen könnte es als spielerisches Lernen bezeichnet werden

Was war wirksam das Gefühle ausgedrückt wurden?

Als wichtigsten Grund sehe ich hier, dass die Studenten sehr viel Vertrauen untereinander hatten. Durch das Festlegen der Kriterien und dass Störungen Vorrang haben, wurde eine weitere Vertrauensbasis geschaffen. Es kann angenommen werden, dass es sehr hilfreich ist, wenn alle Teilnehmer auf der gleichen hierarchischen Stufe stehen und es nicht zu Unwohlsein gegenüber den Anderen Teilnehmern kommt.

War das Web 2.0 und seine Prinzipien wirksam?

Das Web 2.0 und seine Prinzipien haben das Szenario sehr unterstützt. Erst durch Erlangen des Wissens, wodurch sich Web 2.0 auszeichnet, konnte es richtig eingesetzt werden. Aufgrund der Antworten der Befragung der Studenten kann davon ausgegangen werden, dass es für sie sehr wichtig war mit dieser Anwendung zu arbeiten. Die Neugier und das Interesse der Studenten mit Web 2.0 haben zu einem sehr guten Ergebnis geführt, welches sonst womöglich nicht zustande gekommen wäre.

Ist ein Wiki wirklich besser als Papier?

Eine wirklich wichtige Frage dieser Studie stellt sich nach der Durchführung des Szenarios. Überwiegen die Vorteile eines Wikis im Gegensatz zu einem Stück Papier?
Bis jetzt wurden die Übungen größtenteils auf Papier erledigt und die Studenten haben auch gelernt und ihren Abschluss gemacht.
Ein Wiki bringt gegenüber einem Blatt Papier gewiss Vorteile, aber ob diese

auch für jedes Szenario einsetzbar sind, bleibt offen. Ein Wiki erlaubt die Veränderung eines Textes und steht für Wissensgenerierung. Die Leistungen können addiert werden und es kann etwas Neues entstehen, was der Einzelne so vielleicht nicht geschafft hätte.

Was war wirksam, dass die Zwischenziele erreicht wurden, welche zu Zielen führen können?

Das Vertrauen der Studenten untereinander war von großer Wichtigkeit um dieses Szenario erfolgreich durchzuführen. Die vereinbarten Regeln gaben eine Rahmenstruktur welche das gemeinsame Arbeiten wesentlich leichter gestaltete. Durch die Aufgabe des gemeinsamen Gedichtes wurden die Studenten dazu angeregt die Gedanken von Anderen weiterzuspinnen, welches nicht nur auf die Aufgabe bezogen wurde, sondern auch gleich für das Vereinbaren von Regeln verwendet wurde. Die Selbstreflexion der Studenten förderte ihre eigene Kritikfähigkeit, und durch das Ausdrücken der Gefühle ergab sich eine gute Konstellation wodurch die Studenten sehr behutsam mit Kritik umgegangen sind und somit wieder soziale Verantwortung und Kompetenz bewiesen haben. Die Aufgabenstellung wurde klar und einfach formuliert was den Studenten eine Herausforderung und Spaß brachte. Durch diese angenehme Atmosphäre wurde das selbstständige Arbeiten und Lernen der Studenten wesentlich unterstützt.

Was war das Spannende?

Als spannendste Frage empfand ich, ob die Studenten dieser Veränderung des herkömmlichen Unterrichts positiv gegenüberstehen oder ob alles mit Desinteresse über sich ergangen lassen wird. Anfängliche Schüchternheit wurde zur regen Anteilnahme.

Was lässt sich aus diesem Szenario für Andere lernen?

Sehr wichtig ist der Anfang, wie die TZI schon beschreibt ist ein gut gewähltes Thema und eine interessante Präsentation vieles wert. Wenn ein persönlicher Bezug hergestellt werden kann, soll dies unbedingt versucht werden. In diesem Szenario war anfangs nur die Hälfte der Studenten an der Poesie interessiert, aber schlussendlich waren alle von der Durchführung begeistert. Es ist ratsam immer wieder Neues, Interessantes auszuprobieren und es in eine Rahmenstruktur zu legen. Störungen gehören nicht unterdrückt, sie sind wichtig und sie gehören gelöst. Die Teilnehmer empfinden mehr Vertrauen wenn diese auch gelöst werden.

7.3 Program Logic Map

Unter Einbindung der gesammelten Informationen der Interviews wurde eine Program Logic Map (siehe Abb. 7.1) für die schematische Darstellung der Ergebnisse des Szenarios erstellt.

Die Studenten äußerten sich durchwegs positiv über die Durchführung des Szenarios. Nicht nur im Vorhinein angenommene Ziele wurden erreicht und während der Durchführung auch beobachtet. Das Feedback der Studenten lässt darauf schließen, dass weitere Zwischenziele wie positive Wortwahl den anderen Studenten gegenüber sowie ein stärkerer Zusammenhalt in der Gruppe durch diese Durchführung gestärkt worden sind. Das Zusammenspiel von Technologien mit dem laufenden Unterricht kam bei den zukünftigen Lehrern sehr gut an. Die Vorstellung mit ihren eigenen Schülern den Unterricht kreativer und lebhafter zu gestalten weckte nicht nur das Interesse an einem Wiki sondern auch an weiteren Web 2.0 Anwendungen.

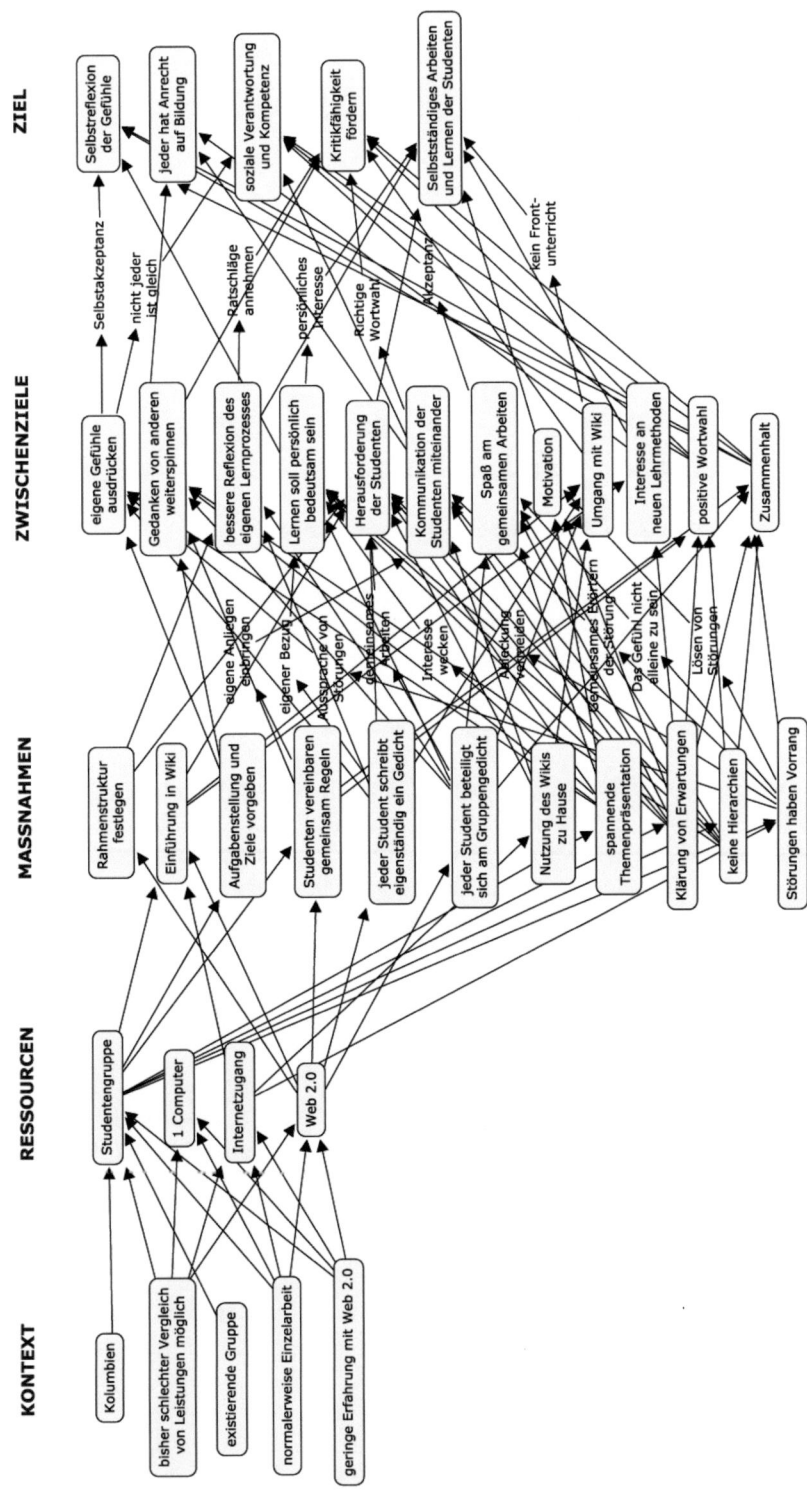

Abbildung 7.1: Ergebnisse anhand einer Program Logic Map

Kapitel 8

Abschließende Reflexion

8.1 Reflexion der Handlungsleitenden Fragen

Was kann die TZI für dieses Szenario bieten?
Die TZI bietet vieles für dieses Szenario. Der beschriebene Umgang mit dem
WIR, dem ICH und dem GLOBE bot eine gute Basis für die Durchführung.
Das Beachten der Kriterien wie keine Hierarchischen Formen schafften eine
gute Atmosphäre unter den Studenten. Der Ansatz der TZI mit Störungen
haben Vorrang war schon zu Beginn von Nöten. Der Ausfall aller Computer
mit Internet brachte das Szenario deutlich ins wanken.

Die beschriebene Wichtigkeit des Themas in der TZI kann möglichweise
auf jede Aufgabe und jede Arbeit angewandt werden. In diesem Szenario
wurde von diesem Wissen profitiert und das Thema spannend und als Herausforderung für die Studenten dargelegt. Eine gute Kommunikation mit
Erfahrungsaustausch gilt nach der TZI als Erfolgsgarant.

Aufgrund des vorher gesammelten Wissens über die TZI und ihren Einsatz
konnten viele neue Ideen und Hilfestellungen für die Durchführung dieses
Szenarios gewonnen werden.

Können Störfaktoren gemeinsam in der Gruppe beseitigt werden?
Wie in der TZI beschrieben, können Störfaktoren gemeinsam in der Gruppe behoben werden. In diesem Szenario ereigneten sich lediglich sehr kleine
Störungen, wie der Ausfall des Internets, wodurch aber keiner Entmutigt
wurde, alle gemeinsam haben nach einer passenden Lösung gesucht. Weiter
Störungen waren eher mit dem Desinteresse einiger Studenten zu beschreiben, auch dieses Problem wurde unter Einsatz der ganzen Gruppe gelöst.
Am Ende haben sich alle an der Aufgabe beteiligt und ein gutes Gruppenresultat geliefert.

Fördert oder behindert der Einsatz von Web 2.0 Anwendungen ein TZI Szenario?

Die Beantwortung dieser Frage gestaltet sich auch nach Durchführung des Szenarios als schwierig. Es kann angenommen werden, dass etliche Teile der TZI hervorragend für den Einsatz in Web 2.0 Szenarios hergenommen werden können. Aber eins zu eins lässt sich die TZI nicht den Einsatz von Web 2.0 Anwendungen übertragen, da es zum Beispiel für die TZI sehr wichtig ist, dass man sein Gegenüber kennen lernt, welches auch die Körpersprache beinhaltet. Im Online-Bereich ist das nicht immer möglich, Gefühle können nur durch Emoticons ausgedrückt werden.

Kann mit Einbindung von Web 2.0, persönlich bedeutsames Lernen im Unterricht gefördert werden?

Die Anforderungen für persönliches bedeutsames Lernen wie spielerisches Experimentieren, Spaß, Beziehung und eigene Interessen können mit der Arbeit an einem gemeinschaftlichen Wiki gegeben sein.

Aufgrund der Antworten der Befragung der Studenten kann davon ausgegangen werden, dass persönliches bedeutsames Lernen im Unterricht mit Einbindung von Web 2.0 Anwendungen gefördert werden kann.

Abschließend kann davon ausgegangen werden, dass die Durchführung des Szenarios ein Erfolg war und dass persönlich bedeutsames Lernen im Web 2.0 stattfinden kann. Ein Szenario nach der TZI kann nicht eins zu eins auf Web 2.0 Anwendungen übertragen werden. Ansätze der TZI können als Hilfestellung gesehen werden.

Anhang A

Interviews

Die Darstellung der geführten Interviews erfolgt in diesem Kapitel.

Die Interviews wurden teils auf englisch und teils auf spanisch geführt. (Um Verwirrungen zu vermeiden, habe ich mich dazu entschieden die Fragen in der deutschen Sprache zu dokumentieren.)

A.1 Interviewleitfaden

A.1.1 Fragen an den Professor

Folgende Fragen richteten sich an den Englischlehrer der Universität von Tolima.

- An welchen Schwerpunkten der englischen Sprache wird derzeit gearbeitet?

- Werden im laufendem Englischunterricht Computer eingesetzt?

- Wenn ja, für welche Bereiche?

- Arbeiten die Studenten gerne mit dem Computer für den Englischunterricht?

- Ist Web 2.0 ein Begriff für Sie?

- Welches Thema kann mittels Web 2.0 umgesetzt werden?

- Was sollte das Ziel dieser Arbeit für die Studenten sein?

- Wie viel Zeit ist für dieses Thema vorgesehen?

- Wie viele Unterrichtseinheiten darf ich für meinen Versuch verwenden?

- Wurde dieses Thema schon in den vergangenen Jahren erarbeitet?

- Wenn ja, wie waren die Erfolge?

- Wie viele Studenten befinden sich in der Gruppe?

- Welches Semester besuchen die Studenten (sprich wie gut sind die Englischkenntnisse)?

- Sind die Studenten daran gewohnt selbständig zu arbeiten?

- Welche Ressourcen stehen zur Verfügung?

- Verfügen die Studenten auch privat über Computer und Internet?

- Wie sehen Sie die Erfolgschancen für die Durchführung?

A.1.2 Fragen an die Zielgruppe

- Erledigst du deine Hausaufgaben normalerweise mit dem Computer?

- Verwendest du Web 2.0 Tools wie Wikis, Blogs, Netzwerke?

  Wozu verwendest du sie?

  Werden die Anwendungen auch genutzt um Gruppenaufgaben zu lösen?

- Hattest du vor der Aufgabe schon einen persönlichen Bezug zum Thema?

- Hast du dich bei der Bearbeitung der Aufgabe wohl gefühlt?

- Hat dich die Anwendung für die Erstellung der Aufgabe angesprochen?

- Wurde dir verständlich vermittelt was die Aufgabe ist?

- Wie beurteilst du deinen Lernprozess anhand dieser Aufgabe?

- Was war für dich wichtig oder neu?

- Was hat deine Lernenergie freigesetzt?

- Was hat dich behindert?

- Was hat dich bei der Aufgabenbearbeitung beeinflusst?

- Wie empfandst du die Zusammenarbeit mit den anderen Studenten?

- Gab es Störungen bei der Bearbeitung der Aufgabe?

- Wenn ja, wie wurden sie gelöst?

- Wurde deine Arbeit anerkannt?

- Wie gefällt dir die Arbeit der anderen?

- Wie gefällt dir das Gruppenresultat? Woran machst du das fest?

- Würde dir eine andere Anwendung besser gefallen?

  Wenn ja, welche?

- Hat dich etwas an der Anwendung gestört?

  Wenn ja, was?

- War die Aufgabe für dich persönlich bedeutsam?

- Hast du die gestellte Aufgabe eigenverantwortlich bearbeitet?

- Wie war deine Motivation bezüglich der Aufgabenstellung?

- Hast du etwas bei der Bearbeitung der Aufgabe gelernt?

- Hast du etwas für deine persönliche Zukunft bei der Aufgabenbearbeitung gelernt?

- Hast du Verbesserungsvorschläge?

- Darf ich deine Aussagen für meine Studie verwenden?

A.2 Dokumentation der Interviews

A.2.1 Befragung des Professors

Das Interview mit Herrn Professor Guzman fand am 15. Mai 2009 statt.

An welchen Schwerpunkten der englischen Sprache wird derzeit gearbeitet?
Derzeit arbeiten die Studenten hauptsächlich and der englischen Grammatik, und Gesprächstaktiken.

Werden im laufendem Englischunterricht Computer eingesetzt?
Nein, normalerweise nicht. Nur für etwaige Hausübungen verwenden die Studenten natürlich Computer.

Wenn ja, für welche Bereiche?
(siehe vorhergegangene Frage)

Arbeiten die Studenten gerne mit dem Computer für den Englischunterricht?
Meines Erachtens schon. Die Studenten lieben es wenn sich die Hausübungen mit Internetrecherchen oder dergleichen lösen lassen. Wenn eine Aufgabe ansteht, die zu Hause ohne Computer gelöst werden muss, sind die Studenten

meist nicht sehr darüber erfreut.

Ist Web 2.0 ein Begriff für Sie?

Ja, selbstverständlich. Ich selbst verfasse seit Jahren einen eigenen Blog. Aber ich habe noch nie daran gedacht dies auch in den Unterricht einfließen zu lassen. Bis jetzt habe ich den Nutzen eher privater Natur gesehen und kann mir noch nicht recht vorstellen wie man Web 2.0 in den Unterricht gut einfließen lassen könnte.

Welches Thema kann mittels Web 2.0 umgesetzt werden?

Momentan arbeite ich mit den Studenten an einem Gemeinschaftsprojekt, welches sich gut für die Umsetzung eigenen könnte. Wir arbeiten derzeit an einem Poesiealbum und es wäre wirklich toll wenn es für mehr Personen zugänglich wäre. Ich habe schon überlegt ob ich nicht das eine oder andere Gedicht auf meinem Blog veröffentlichen werde.

Was sollte das Ziel dieser Arbeit für die Studenten sein?

Das Ziel dieser Aufgabenstellung ist ein Poesiealbum des Jahrganges 08, das auch Zugang für Interessierte bietet. Aber vor allem stehen das gemeinsame Erarbeiten, kreative Ideen und Spaß im Vordergrund.

Wie viel Zeit ist für dieses Thema vorgesehen?

Die Studenten sollten nicht allzu viel Zeit dafür aufwenden. Das Thema ist eher als Auflockerung für den Unterricht gedacht und somit kein Schwerpunkt.

Wie viele Unterrichtseinheiten darf ich für meinen Versuch verwenden?

Ich würde mal von 2 Stunden ausgehen, aber ich habe keine Ahnung wie aufwendig alles ist. Falls mehr Bedarf besteht, lässt sich das sicher einrichten. Es wäre toll wenn die Studenten im Unterricht damit anfangen und den restlichen Teil sozusagen als Hausübung erledigen.

Wurde dieses Thema schon in den vergangenen Jahren erarbeitet?

Ja, normalerweise plane ich immer einige Stunden zur Auflockerung ein. Letztes Jahr war das Projekt sehr gut. Die Studenten haben alle ihre Gedichte vorgelesen und es war sehr amüsant. Leider sind all diese Gedichte nicht in gesammelter Form vorhanden.

Wenn ja, wie waren die Erfolge?

Sehr gut. Jedoch kann man nicht mehr auf die Gedichte zugreifen was ich persönlich sehr schade finde.

Wie viele Studenten befinden sich in der Gruppe?
Normalerweise sind es 20 Studenten, aber man kann nie genau wissen, wie viele es wirklich an einem speziellen Tag sind, da oft gefehlt wird.

Welches Semester besuchen die Studenten (sprich wie gut sind die Englischkenntnisse)?
Das Englischlevel ist nicht sehr hoch. Die Studenten befinden sich derzeit im 4ten Semester und haben noch so ihre Schwierigkeiten mit der Sprache.

Sind die Studenten daran gewohnt selbständig zu arbeiten?
Ja, denn dazu sind sie schließlich Studenten.

Welche Ressourcen stehen zur Verfügung?
In der Universität sind Computer gar kein Problem, wir besitzen hier ausgesprochen gut ausgerüstete EDV Räume. Die Computer sind mit Windows ausgestattet und normalerweise auch sehr zuverlässig und schnell. Noch dazu sind alle mit dem Internet verbunden. Solange es keinen Ausfall dessen gibt.

Verfügen die Studenten auch privat über Computer und Internet?
Da bin ich mir nicht wirklich sicher, aber das stellt kein wesentliches Problem dar, da es an jeder Ecke ein Internetcafe zu günstigen Preisen gibt. Es wird vorausgesetzt dass die Studenten sich um diese Dinge selbst kümmern.

Wie sehen Sie die Erfolgschancen für die Durchführung?
Ich bin sehr zuversichtlich und außerdem sehr gespannt was bei dem Versuch rauskommt. Wenn es wirklich ein toller Erfolg ist, ist es sicher eine Überlegung wert alle Poesiealben, aller Jahrgänge zu sammeln.

A.2.2 Befragung der Zielgruppe

Die Interviews mit den Studenten fanden am 02. Juli statt.

Studierender 01

Erledigst du deine Hausaufgaben normalerweise mit dem Computer?
Manchmal. Es kommt auf die Aufgabenstellung an, wenn es möglich ist die Aufgaben mit dem Computer zu lösen bevorzuge ich selbstverständlich diese Methode.

Verwendest du Web 2.0 Tools wie Wikis, Blogs, Netzwerke? Wozu verwendest du sie?
Ja. Wikipedia für die Suche von Informationen. Des Weiteren lese ich regelmäßig Blogs von meinen Freunden und natürlich habe auch ich selbst mein Profil in mySpace und Facebook. Vor allem die Netzwerke gefallen mir, da ich immer lesen kann was meine Freunde so machen.

Werden die Anwendungen auch genutzt um Gruppenaufgaben zu lösen?
Nein, eigentlich nicht.

Hattest du vor der Aufgabe schon einen persönlichen Bezug zum Thema?
Das ist einfach zu beantworten: Ich liebe Poesie, und somit war diese Aufgabe für mich sehr angenehm.

Hast du dich bei der Bearbeitung der Aufgabe wohl gefühlt?
Ja, absolut. Ich habe mich vor allem frei von Regeln gefühlt.

Hat dich die Anwendung für die Erstellung der Aufgabe angesprochen?
Ja, denn ich arbeite gerne mit dem Computer. Für mich war es eine willkommene Abwechslung. Auch das arbeiten im Wiki fand ich toll, wenn ich dieses Gedicht auf Papier schreiben müssen hätte, hätte ich sicher mindestens 5 Zettel verbraucht. Im Wiki ist das Ändern doch viel leichter.

Wurde dir verständlich vermittelt was die Aufgabe ist?
Ja, und vor allem gab es ja noch die Hilfe im Wiki selbst, wo nochmals alle Aufgabenschritte beschrieben wurden.

Wie beurteilst du deinen Lernprozess anhand dieser Aufgabe?
Sehr gut.

Was war für dich wichtig oder neu?
Mich selbst auszudrücken, meine Gefühle und Empfindungen.

Was hat deine Lernenergie freigesetzt?
Eine alte Liebesgeschichte die ich bis jetzt noch niemandem mitgeteilt habe.

Was hat dich behindert?
Nichts.

Was hat dich bei der Aufgabenbearbeitung beeinflusst?
Gefühle und Sensibilität.

Wie empfandst du die Zusammenarbeit mit den anderen Studenten?
Gut.

Gab es Störungen bei der Bearbeitung der Aufgabe? Wenn ja, wie wurden sie gelöst?
Nein, ich denke nicht.

Wurde deine Arbeit anerkannt?
Meine Kollegen haben mich auch persönlich darauf angesprochen. Erst war es mir etwas peinlich, aber danach fühlte ich mich wohl, da wir ja alle daran gearbeitet haben.

Wie gefällt dir die Arbeit der anderen? Woran machst du das fest?
Die Arbeit der anderen empfand ich selbst auch als inspirierend. Beim Lesen selbst, fielen mir viele Dinge ein über die ich schreiben könnte.

Wie gefällt dir das Gruppenresultat? Woran machst du das fest?
Ja, sehr. Es ist schön Gedichte von anderen zu lesen. Ich würde sehr gern noch mehr Gedichte meiner Freunde lesen, da meiner Meinung nach Gedichte auch die Gefühle der Menschen ausdrücken.

Würde dir eine andere Anwendung besser gefallen? Wenn ja, welche?
Das kann ich leider nicht sagen, da ich keine Erfahrung mit solchen Anwendungen habe. Meistens lese ich ja nur in solchen Anwendungen und beteilige mich nicht.

Hat dich etwas an der Anwendung gestört? Wenn ja, was?
Nein, absolut gar nichts.

War die Aufgabe für dich persönlich bedeutsam?
Diese Aufgabe hat mich an eine vergangene Situation mit einem Gedicht erinnert. Leider eine traurige Erinnerung.

Hast du die gestellte Aufgabe eigenverantwortlich bearbeitet?
Selbstverständlich.

Wie war deine Motivation bezüglich der Aufgabenstellung?
Sehr groß, denn ich verbinde Liebe mit dieser Aufgabenstellung.

Hast du etwas bei der Bearbeitung der Aufgabe gelernt?

Es fällt mir leichter meine Aufgaben mit dem Internet zu lösen als auf einem Stück Papier. Daher werde ich auf versuche so viel wie möglich in Zukunft mit dem Computer zu erledigen.

Hast du etwas für deine persönliche Zukunft bei der Aufgabenbearbeitung gelernt?
Ja. Ich weiß nun, dass es mir gefällt alleine und dennoch in der Gruppe zu arbeiten.

Hast du Verbesserungsvorschläge?
Mehr Zeit für die Bearbeitung und öfters mit diesen Tools arbeiten, wäre toll.

Darf ich deine Aussagen für meine Studie verwenden?
Selbstverständlich.

Studierender 02

Erledigst du deine Hausaufgaben normalerweise mit dem Computer?
Ja.

Verwendest du Web 2.0 Tools wie Wikis, Blogs, Netzwerke? Wozu verwendest du sie?
Ja, ich verwende Wikipedia für Informationsabgleiche.

Werden die Anwendungen auch genutzt um Gruppenaufgaben zu lösen?
Nein, ich verwende Wikipedia nur für meine persönliche Suche.

Hattest du vor der Aufgabe schon einen persönlichen Bezug zum Thema?
Nein, es ist das erste Mal dass ich ein Gedicht schreibe.

Hast du dich bei der Bearbeitung der Aufgabe wohl gefühlt?
Ja, ich habe mich sehr wohl gefühlt. Es ist eine gute Erfahrung mit dem Computer zu arbeiten und mehr noch, wenn es mir dabei hilft mein Wissen zu steigern. Bei der Durchführung dieser Aufgabe war meine Motivation größer als normalerweise.

Hat dich die Anwendung für die Erstellung der Aufgabe angesprochen?
Ja. Es ist eine gute Anwendung, mehr noch gefällt mir mit Computern zu arbeiten und ich glaube so ist es viel leichter Übungen zu machen.

Wurde dir verständlich vermittelt was die Aufgabe ist?
Ja, es war alles klar. Mit den persönlichen Anleitungen und mit denen im Internet war es sehr leicht die Aufgabe zu lösen.

Wie beurteilst du deinen Lernprozess anhand dieser Aufgabe?
Mein Lernprozess war interessant für mich, denn normalerweise bin ich eine Person die sehr gerne alleine arbeitet, aber durch diese Bearbeitung habe ich gelernt, dass man bei Gruppenarbeiten viele interessante Ideen sammeln kann und auch meine Ideen weitergeben kann.

Was war für dich wichtig oder neu?
Für mich war neu in einer Gruppe zu arbeiten und es erscheint mir wichtig mehr mit dem Computer zu arbeiten.

Was hat deine Lernenergie freigesetzt?

Meine größte Motivation war mit dem Computer für die Aufgabe arbeiten zu können. Ich glaube damit kann man mehr lernen und noch dazu ist es leichter.

Was hat dich behindert?
Der Zugang zur Poesie war für mich nicht einfach.

Was hat dich bei der Aufgabenbearbeitung beeinflusst?
Erstens die Arbeit mit dem Computer, normale Klassen mit dem Professor sind sehr unterschiedlich und diese Form ist somit eine neue Motivation für mich. Zweitens, Gruppenarbeit ist toll, man kann viele unterschiedliche Meinungen finden.

Wie empfandst du die Zusammenarbeit mit den anderen Studenten?
Sehr gut. Gruppenarbeit bietet Vorteile und mehr Optionen für ein besseres Resultat.

Gab es Störungen bei der Bearbeitung der Aufgabe? Wenn ja, wie wurden sie gelöst?
Nein.

Wurde deine Arbeit anerkannt?
Meine Arbeit und meine Ideen wurden akzeptiert.

Wie gefällt dir die Arbeit der anderen? Woran machst du das fest?
Ja, gefällt mir sehr gut. Meine Kollegen hatten sehr gute Ideen.

Wie gefällt dir das Gruppenresultat? Woran machst du das fest?
Ja, mir gefällt das Resultat und mehr noch gefiel mir die Gruppenarbeit.

Würde dir eine andere Anwendung besser gefallen? Wenn ja, welche?
Nein, ich finde diese Applikation gut für diese Aufgabenstellung.

Hat dich etwas an der Anwendung gestört? Wenn ja, was?
Die Anwendung ist einfach und konkret. Ich glaube sie war gut gewählt.

War die Aufgabe für dich persönlich bedeutsam?
Ja, ich arbeite sehr gerne mit dem Computer und es war mir eine Freude die Aufgabe so zu lösen.

Hast du die gestellte Aufgabe eigenverantwortlich bearbeitet?

Ja und Nein. Erst alleine und dann mit Kollegen.

Wie war deine Motivation bezüglich der Aufgabenstellung?
Meine Motivation war sehr hoch, mit dem Computer in der Klasse zu arbeiten ist neu und auch die Gruppenarbeit hat mir sehr gut gefallen.

Hast du etwas bei der Bearbeitung der Aufgabe gelernt?
Ja, arbeiten mit dem Computer bringt Vorteile für meine berufliche Zukunft und es ist eine einfach Form um zu Lernen. Des Weiteren arbeiten in der Gruppe.

Hast du etwas für deine persönliche Zukunft bei der Aufgabenbearbeitung gelernt?
Ja. Es ist wichtig heutzutage Technologien für das Verstehen und Lernen zu nutzen.

Hast du Verbesserungsvorschläge?
In der Klasse mehr mit diesen Anwendungen zu arbeiten wäre toll und nicht immer nur Frontalunterricht. Zur Anwendung habe ich keine Verbesserungsvorschläge.

Darf ich deine Aussagen für meine Studie verwenden?
Ja, kein Problem.

Studierender 03

Erledigst du deine Hausaufgaben normalerweise mit dem Computer?
Ja, meistens.

Verwendest du Web 2.0 Tools wie Wikis, Blogs, Netzwerke? Wozu verwendest du sie?
Meistens lese ich Blogs von Musikgruppen um auf dem Laufenden zu bleiben. Ich habe selbst auch einen Musikblog.

Werden die Anwendungen auch genutzt um Gruppenaufgaben zu lösen?
Ja, da ich eine Gruppe habe und wir gemeinsam den Blog gestalten.

Hattest du vor der Aufgabe schon einen persönlichen Bezug zum Thema?
Nein, mit Poesie habe ich mich bislang noch nicht wirklich beschäftigt, oder kann man Musiktexte auch als Poesie bezeichnen?

Hast du dich bei der Bearbeitung der Aufgabe wohl gefühlt?
Erst habe ich gedacht, dass es sehr kompliziert ist, aber ich hatte mich geirrt, mit der Anleitung und der einfachen Seite war es ganz leicht. Für mich war es eine neue Erfahrung, ich hoffe wir werden so was öfters machen.

Hat dich die Anwendung für die Erstellung der Aufgabe angesprochen?
Der Umgang mit der Anwendung war sehr leicht. Ich musste nur die Anleitung lesen und alles war klar.

Wurde dir verständlich vermittelt was die Aufgabe ist?
Ja.

Wie beurteilst du deinen Lernprozess anhand dieser Aufgabe?
Gut. Ich habe gelernt, dass es auch andere Formen der Lernens gibt, nicht nur Frontalunterricht.

Was war für dich wichtig oder neu?
Mit einem Wiki zu arbeiten, war für mich eine ganz neue Erfahrung.

Was hat deine Lernenergie freigesetzt?
Mir hat vor allem die Arbeit mit dem Computer gefallen. Ich möchte mehr Erfahrungen in diese Richtung sammeln und später auch in meine Lehrerkarriere einsetzten.

Was hat dich behindert?
Nichts.

Was hat dich bei der Aufgabenbearbeitung beeinflusst?
Eine offene Einstellung gegenüber der Anwendung.

Wie empfandst du die Zusammenarbeit mit den anderen Studenten?
Mir hat die Arbeit sehr gut gefallen, denn ich glaube mehrere Personen bringen auch mehrere Ideen.

Gab es Störungen bei der Bearbeitung der Aufgabe? Wenn ja, wie wurden sie gelöst?
Nein, gar nicht.

Wurde deine Arbeit anerkannt?
Ja, wir alle haben gut gearbeitet.

Wie gefällt dir die Arbeit der anderen? Woran machst du das fest?
Sehr gut, für mich waren deren Ideen sehr interessant.

Wie gefällt dir das Gruppenresultat? Woran machst du das fest?
Sehr gut, es ist schön ein Gruppenresultat zu haben, woran wir alle gemeinsam beteiligt waren.

Würde dir eine andere Anwendung besser gefallen? Wenn ja, welche?
Da ich nicht wirklich viele Anwendungen in diese Richtung kenne, war ich sehr mit dieser zufrieden.

Hat dich etwas an der Anwendung gestört? Wenn ja, was?
Nein, ich glaube die Anwendung ist sehr gut.

War die Aufgabe für dich persönlich bedeutsam?
Ja, denn ich habe eine neue Art für die Uni zu arbeiten entdeckt. Diese Arbeit hat mir Spaß bereitet.

Hast du die gestellte Aufgabe eigenverantwortlich bearbeitet?
Ja.

Wie war deine Motivation bezüglich der Aufgabenstellung?
Gut, mich interessieren Arbeiten mit anderen Methoden des Lernens.

Hast du etwas bei der Bearbeitung der Aufgabe gelernt?
Ich habe gelernt ein Wiki zu benutzen.

**Hast du etwas für deine persönliche Zukunft bei der Aufgaben-
bearbeitung gelernt?**
Ja, dass es viel einfacher ist Übungen mit dem Computer zu erledigen, als
immer nur auf Papier.

Hast du Verbesserungsvorschläge?
Diese Art von Übungen öfters im Unterricht zu verwenden erscheint mir die
beste Idee.

Darf ich deine Aussagen für meine Studie verwenden?
Ja.

Studierender 04

Erledigst du deine Hausaufgaben normalerweise mit dem Computer?
Ja, immer wenn es möglich ist.

Verwendest du Web 2.0 Tools wie Wikis, Blogs, Netzwerke? Wozu verwendest du sie?
Ich verwende Wikis, Blogs und Netzwerke meistens für die Suche nach Informationen.

Werden die Anwendungen auch genutzt um Gruppenaufgaben zu lösen?
Ja, für Hausaufgaben, aber nur gelegentlich.

Hattest du vor der Aufgabe schon einen persönlichen Bezug zum Thema?
Nein, gar nicht.

Hast du dich bei der Bearbeitung der Aufgabe wohl gefühlt?
Ja, für mich war die Übung interessant. Hier ist es nicht üblich die Aufgabe mit dem Computer sprich im Internet zu erstellen. Es ist eine neue Erfahrung für mich.

Hat dich die Anwendung für die Erstellung der Aufgabe angesprochen?
Ja, ich empfand es einfacher als normal.

Wurde dir verständlich vermittelt was die Aufgabe ist?
Ja. Ich hatte keine Schwierigkeiten.

Wie beurteilst du deinen Lernprozess anhand dieser Aufgabe?
Gut, für die Erstellung des Gedichtes habe ich nicht lange gebraucht. Nur einige Wörter musste ich im Wörterbuch nachschlagen, wofür ich auch gleich ein Online-Wörterbuch verwenden konnte.

Was war für dich wichtig oder neu?
Ich habe neue Wörter gelernt und war ungezwungen.

Was hat deine Lernenergie freigesetzt?
Eine andere Art zu lernen und zu arbeiten ist einfach interessant.

Was hat dich behindert?
Gar nichts.

Was hat dich bei der Aufgabenbearbeitung beeinflusst?
Die Poesie besitzt viele unterschiedliche Wörter, diese zu finden ist interessant, aber auch schwierig. Auf Spanisch würde mir das sicher leichter fallen. Aber ich glaube, ich habe meine Sache gut gemacht.

Wie empfandst du die Zusammenarbeit mit den anderen Studenten?
Gut, für mich war es lustig die Gedanken der Anderen zu lesen.

Gab es Störungen bei der Bearbeitung der Aufgabe? Wenn ja, wie wurden sie gelöst?
Nein.

Wurde deine Arbeit anerkannt?
Ich glaube schon.

Wie gefällt dir die Arbeit der anderen? Woran machst du das fest?
Sehr gut, die Ideen sind witzig und lustig, aber auch traurig. Einfach viele Gefühle.

Wie gefällt dir das Gruppenresultat? Woran machst du das fest?
Gut, eine gemeinsame Kreation ist immer interessant.

Würde dir eine andere Anwendung besser gefallen? Wenn ja, welche?
Nein, ich war voll und ganz mit dieser Anwendung zufrieden.

Hat dich etwas an der Anwendung gestört? Wenn ja, was?
An der Applikation selbst hat mich gar nichts gestört.

War die Aufgabe für dich persönlich bedeutsam?
Ehrlich gesagt, mag ich Hausaufgaben nicht, aber so war es etwas angenehmer. Mit dem Computer zu arbeiten macht mir einfach sehr viel Spaß.

Hast du die gestellte Aufgabe eigenverantwortlich bearbeitet?
Ja, selbstverständlich.

Wie war deine Motivation bezüglich der Aufgabenstellung?
Erstens gering, da ich ja Aufgaben generell nicht sehr mag. Zweitens etwas höher als normal, da ich gerne mit dem Computer arbeite. Ich bevorzuge diese Aufgaben den Anderen.

Hast du etwas bei der Bearbeitung der Aufgabe gelernt?
Ja, ich will mehr Computerarbeiten!

Hast du etwas für deine persönliche Zukunft bei der Aufgaben-bearbeitung gelernt?
Ich glaube schon, da ich jetzt weiß wie angenehm es sein kann mit dem Computer meine Aufgaben zu erledigen. Ich werde sicherlich meine anderen Professoren diesbezüglich informieren.

Hast du Verbesserungsvorschläge?
Nein, derzeit nicht.

Darf ich deine Aussagen für meine Studie verwenden?
Selbstverständlich.

Studierender 05

Erledigst du deine Hausaufgaben normalerweise mit dem Computer?
Ja, immer

Verwendest du Web 2.0 Tools wie Wikis, Blogs, Netzwerke? Wozu verwendest du sie?
Ja, normalerweise Wikis und Netzwerke zum Informationsaustausch.

Werden die Anwendungen auch genutzt um Gruppenaufgaben zu lösen?
Manchmal, aber nicht immer.

Hattest du vor der Aufgabe schon einen persönlichen Bezug zum Thema?
Ja, ich mag Poesie.

Hast du dich bei der Bearbeitung der Aufgabe wohl gefühlt?
Ja, sehr. Ich dachte an die Gruppe.

Hat dich die Anwendung für die Erstellung der Aufgabe angesprochen?
Ja, viel besser als Papier.

Wurde dir verständlich vermittelt was die Aufgabe ist?
Ja.

Wie beurteilst du deinen Lernprozess anhand dieser Aufgabe?
So ist es für mich leichter die Sprache zu lernen. Etwas Spaß und Interesse und alles geht einfacher.

Was war für dich wichtig oder neu?
Die Anwendung war wichtig für mich.

Was hat deine Lernenergie freigesetzt?
Das interessante Thema.

Was hat dich behindert?
Gar nichts.

Was hat dich bei der Aufgabenbearbeitung beeinflusst?
Die anderen Studenten.

Wie empfandst du die Zusammenarbeit mit den anderen Studenten?
Ich fühlte mich sehr wohl bei der Zusammenarbeit.

Gab es Störungen bei der Bearbeitung der Aufgabe? Wenn ja, wie wurden sie gelöst?
Nein, keine Störungen.

Wurde deine Arbeit anerkannt?
Ja, die anderen Studenten mochten meine Arbeit.

Wie gefällt dir die Arbeit der anderen? Woran machst du das fest?
Es ist sehr interessant die Arbeit, die Interaktion und das Ergebnis der Anderen zu sehen.

Wie gefällt dir das Gruppenresultat? Woran machst du das fest?
Ja, ich bin vollauf zufrieden.

Würde dir eine andere Anwendung besser gefallen? Wenn ja, welche?
Nein, für diese Übung ist die gewählte Anwendung sehr gut.

Hat dich etwas an der Anwendung gestört? Wenn ja, was?
Nein, alles war in Ordnung.

War die Aufgabe für dich persönlich bedeutsam?
Ja, denn ich mochte die Aufgabe und die Anwendung.

Hast du die gestellte Aufgabe eigenverantwortlich bearbeitet?
Ja, ganz alleine.

Wie war deine Motivation bezüglich der Aufgabenstellung?
Meine Motivation war sehr hoch.

Hast du etwas bei der Bearbeitung der Aufgabe gelernt?
Kooperation.

Hast du etwas für deine persönliche Zukunft bei der Aufgabenbearbeitung gelernt?
Ja.

Hast du Verbesserungsvorschläge?
Nein.

Darf ich deine Aussagen für meine Studie verwenden?
Ja.

Studierender 06

Erledigst du deine Hausaufgaben normalerweise mit dem Computer?
Ja, immer. Wenn ich keinen Zugang zu einem Computer habe werde ich nervös.

Verwendest du Web 2.0 Tools wie Wikis, Blogs, Netzwerke? Wozu verwendest du sie?
Ja, um meine Hausaufgaben zu machen.

Werden die Anwendungen auch genutzt um Gruppenaufgaben zu lösen?
Nur wenn es gefordert wird.

Hattest du vor der Aufgabe schon einen persönlichen Bezug zum Thema?
Nicht wirklich.

Hast du dich bei der Bearbeitung der Aufgabe wohl gefühlt?
Ich habe mich sehr wohl gefühlt.

Hat dich die Anwendung für die Erstellung der Aufgabe angesprochen?
Ja, es ist sehr nützlich aus pädagogischer Sicht, aber manchmal erscheint es mir kompliziert.

Wurde dir verständlich vermittelt was die Aufgabe ist?
Ja, und auch die Hilfestellung in der Anwendung war toll.

Wie beurteilst du deinen Lernprozess anhand dieser Aufgabe?
Der Lernprozess war aufregend, denn ich habe wieder was neues gelernt.

Was war für dich wichtig oder neu?
Ich habe noch nie mit so einer Anwendung für eine Hausübung gearbeitet, ich meine, mich selbst daran beteiligt, sondern meist nur nachgelesen.

Was hat deine Lernenergie freigesetzt?
Ich war sehr an dem Endergebnis interessiert.

Was hat dich behindert?
Peinlich aber war, ich hatte Probleme mit der Anwendung.

Was hat dich bei der Aufgabenbearbeitung beeinflusst?

Viele Ding, denn ich werde sehr schnell abgelenkt.

Wie empfandst du die Zusammenarbeit mit den anderen Studenten?
Gut, denn die Koordination und das Umfeld war ansprechend.

Gab es Störungen bei der Bearbeitung der Aufgabe? Wenn ja, wie wurden sie gelöst?
Nein.

Wurde deine Arbeit anerkannt?
Ja, ich glaube schon. Wenn nicht, dann finden wir da sicher auch noch eine Lösung.

Wie gefällt dir die Arbeit der anderen? Woran machst du das fest?
Ja, denn die waren so schnell und effizient.

Wie gefällt dir das Gruppenresultat? Woran machst du das fest?
Ja, es war gut. Wir alle wollten schließlich ein gutes Ergebnis, aber ich muss zugeben, wir alle hätten besser sein können.

Würde dir eine andere Anwendung besser gefallen? Wenn ja, welche?
Nein, ich denke diese Anwendung war ausreichend.

Hat dich etwas an der Anwendung gestört? Wenn ja, was?
Nein.

War die Aufgabe für dich persönlich bedeutsam?
Nicht wirklich, es war etwas dass ich erledigen musste.

Hast du die gestellte Aufgabe eigenverantwortlich bearbeitet?
Nein, da ich Hilfe von meinen Gruppenkollegen hatte.

Wie war deine Motivation bezüglich der Aufgabenstellung?
Normal.

Hast du etwas bei der Bearbeitung der Aufgabe gelernt?
Ja.

Hast du etwas für deine persönliche Zukunft bei der Aufgabenbearbeitung gelernt?
Ja.

Hast du Verbesserungsvorschläge?
Eventuell eine einfacher Anwendung.

Darf ich deine Aussagen für meine Studie verwenden?
Ja.

Studierender 07

Erledigst du deine Hausaufgaben normalerweise mit dem Computer?
Ja, ich versuche immer meinen Computer zu nutzen.

Verwendest du Web 2.0 Tools wie Wikis, Blogs, Netzwerke? Wozu verwendest du sie?
Ja. Ich verwende diese Tools um in Kontakt mit meinen Freunden zu bleiben, um meine Gefühle und meine Gedanke mitzuteilen.

Werden die Anwendungen auch genutzt um Gruppenaufgaben zu lösen?
Ja.

Hattest du vor der Aufgabe schon einen persönlichen Bezug zum Thema?
Nein, hatte ich nicht.

Hast du dich bei der Bearbeitung der Aufgabe wohl gefühlt?
Es ist schwer meine Gefühle zu beschreiben, denn irgendwie war es ein Mix aus gut, verärgert, traurig und glücklich.

Hat dich die Anwendung für die Erstellung der Aufgabe angesprochen?
Ja.

Wurde dir verständlich vermittelt was die Aufgabe ist?
Ja.

Wie beurteilst du deinen Lernprozess anhand dieser Aufgabe?
Sehr gut, denn es war einfach, klar und schnell.

Was war für dich wichtig oder neu?
Die Arbeit, etwas Neues gemeinsam zu erschaffen.

Was hat deine Lernenergie freigesetzt?
All meine Kollegen, denn sie gaben mir die Freiheit alles zu machen was ich wollte.

Was hat dich behindert?
Nichts.

Was hat dich bei der Aufgabenbearbeitung beeinflusst?

Ich glaube die Arbeitsgruppe.

Wie empfandst du die Zusammenarbeit mit den anderen Studenten?
Ich fühlte mich gut.

Gab es Störungen bei der Bearbeitung der Aufgabe? Wenn ja, wie wurden sie gelöst?
Nein.

Wurde deine Arbeit anerkannt?
Ja, sie wurde akzeptiert. Es fühlt sich gut an, wenn Kollegen die eigene Arbeit akzeptieren.

Wie gefällt dir die Arbeit der anderen? Woran machst du das fest?
Ja, ich liebe sie. Sie ist wie eine Symphony.

Wie gefällt dir das Gruppenresultat? Woran machst du das fest?
Sehr gut, ich liebe es.

Würde dir eine andere Anwendung besser gefallen? Wenn ja, welche?
Nein, ich glaube nicht.

Hat dich etwas an der Anwendung gestört? Wenn ja, was?
Nein, ich mochte alles, nur würde ich gern alles bunter haben.

War die Aufgabe für dich persönlich bedeutsam?
Ja, denn ich konnte so viel dabei lernen, nicht nur von der Anwendung, von Englisch, sondern auch von meiner Gruppe.

Hast du die gestellte Aufgabe eigenverantwortlich bearbeitet?
Ja.

Wie war deine Motivation bezüglich der Aufgabenstellung?
Sehr gut, ich glaube meine war am höchsten.

Hast du etwas bei der Bearbeitung der Aufgabe gelernt?
Ja. Umgang mit Wikis, und mit meinen Kollegen.

Hast du etwas für deine persönliche Zukunft bei der Aufgabenbearbeitung gelernt?
Ja.

Hast du Verbesserungsvorschläge?
Nicht für diese Anwendung. Generell sollte es viel mehr Internetseiten geben, wo man lernen kann.

Darf ich deine Aussagen für meine Studie verwenden?
Selbstverständlich.

Studierender 08

Erledigst du deine Hausaufgaben normalerweise mit dem Computer?
Ja, normalerweise verwende ich den Computer 2 - 4 Stunden am Tag.

Verwendest du Web 2.0 Tools wie Wikis, Blogs, Netzwerke? Wozu verwendest du sie?
Ja, ich beobachte regelmäßig Blogs.

Werden die Anwendungen auch genutzt um Gruppenaufgaben zu lösen?
Ja, um Hausübungen zu finden, und um mit meinen Freunden und Lehrern zu sprechen.

Hattest du vor der Aufgabe schon einen persönlichen Bezug zum Thema?
Ja, sehr sogar.

Hast du dich bei der Bearbeitung der Aufgabe wohl gefühlt?
Ja.

Hat dich die Anwendung für die Erstellung der Aufgabe angesprochen?
Ja, sehr sogar.

Wurde dir verständlich vermittelt was die Aufgabe ist?
Ja.

Wie beurteilst du deinen Lernprozess anhand dieser Aufgabe?
Ich glaube es war gut, denn ich habe gelesen, geschrieben und alles zur selben Zeit.

Was war für dich wichtig oder neu?
Die Anwendung war neu für mich.

Was hat deine Lernenergie freigesetzt?
Die Qualität.

Was hat dich behindert?
Nicht wirklich etwas.

Was hat dich bei der Aufgabenbearbeitung beeinflusst?
Ich glaube die Gruppenarbeit.

Wie empfandst du die Zusammenarbeit mit den anderen Studenten?
Manchmal mag ich es nicht in Gruppen zu arbeiten, ich hasse es auf die Anderen zu warten. Ich erledige meine Dinge lieber immer gleich.

Gab es Störungen bei der Bearbeitung der Aufgabe? Wenn ja, wie wurden sie gelöst?
Ja, aber nur mit meinen Eltern. Ich musste große Geduld aufbringen um nicht wütend zu werden.

Wurde deine Arbeit anerkannt?
Ja, denn ich bin ein guter Student.

Wie gefällt dir die Arbeit der anderen? Woran machst du das fest?
Sie war okay.

Wie gefällt dir das Gruppenresultat? Woran machst du das fest?
Es war okay, aber ich glaube wir könnten besseres erreichen.

Würde dir eine andere Anwendung besser gefallen? Wenn ja, welche?
Nein, ich glaube nicht.

Hat dich etwas an der Anwendung gestört? Wenn ja, was?
Nein, gar nichts.

War die Aufgabe für dich persönlich bedeutsam?
Ja, auf jeden Fall, denn ich habe viel gelernt.

Hast du die gestellte Aufgabe eigenverantwortlich bearbeitet?
Ja.

Wie war deine Motivation bezüglich der Aufgabenstellung?
Sehr hoch, denn ich wollte der beste sein.

Hast du etwas bei der Bearbeitung der Aufgabe gelernt?
Sehr vieles sogar, und ich werde versuchen alles später wieder einzusetzen.

Hast du etwas für deine persönliche Zukunft bei der Aufgabenbearbeitung gelernt?
Ja, Geduld zu haben.

Hast du Verbesserungsvorschläge?
Vielleicht generell den Unterricht etwas kreativer zu gestalten.

Darf ich deine Aussagen für meine Studie verwenden?
Ja.

Studierender 09

Erledigst du deine Hausaufgaben normalerweise mit dem Computer?
Immer, da ein Computer Hilfestellung für alles bieten kann.

Verwendest du Web 2.0 Tools wie Wikis, Blogs, Netzwerke? Wozu verwendest du sie?
Ja, meistens um Informationen und Meinungen zu sammeln.

Werden die Anwendungen auch genutzt um Gruppenaufgaben zu lösen?
Sehr oft sogar.

Hattest du vor der Aufgabe schon einen persönlichen Bezug zum Thema?
Nicht wirklich.

Hast du dich bei der Bearbeitung der Aufgabe wohl gefühlt?
Die Bearbeitung war interessant für mich, es war anders als gewöhnlich aber gut.

Hat dich die Anwendung für die Erstellung der Aufgabe angesprochen?
Ja.

Wurde dir verständlich vermittelt was die Aufgabe ist?
Anfangs nicht ganz, aber ich habe es geschafft.

Wie beurteilst du deinen Lernprozess anhand dieser Aufgabe?
Es war sehr gut, ich denke ich habe etwas Neues gelernt und es fühlt sich gut an.

Was war für dich wichtig oder neu?
Die Situation war neu für mich, aber ich mochte sie.

Was hat deine Lernenergie freigesetzt?
Die Qualität.

Was hat dich behindert?
Nicht wirklich etwas.

Was hat dich bei der Aufgabenbearbeitung beeinflusst?
Die Möglichkeit in einem Team zu arbeiten.

Wie empfandst du die Zusammenarbeit mit den anderen Studenten?
Es war nett.

Gab es Störungen bei der Bearbeitung der Aufgabe? Wenn ja, wie wurden sie gelöst?
Manchmal, aber die waren eher persönlicher Natur und zum Ende hat doch alles wieder gepasst.

Wurde deine Arbeit anerkannt?
Ja, von einigen sicher.

Wie gefällt dir die Arbeit der anderen? Woran machst du das fest?
Sehr gut. Normalerweise mag ich keine Gruppenarbeit, aber dieses Mal war es nett.

Wie gefällt dir das Gruppenresultat? Woran machst du das fest?
Ja, es ist ein gutes Ergebnis.

Würde dir eine andere Anwendung besser gefallen? Wenn ja, welche?
Dass kann ich nicht so genau sagen, denn ich kenne nicht viele Anwendungen in diese Richtung.

Hat dich etwas an der Anwendung gestört? Wenn ja, was?
Ich fand die Anwendung gut, aber manchmal denke ich, dass Veränderungen vielleicht nicht so gut bei Studenten ankommen.

War die Aufgabe für dich persönlich bedeutsam?
Ja, denn ich habe viel über Gruppenarbeit gelernt.

Hast du die gestellte Aufgabe eigenverantwortlich bearbeitet?
Ja, nur bei manchen Teilen musste ich nachfragen.

Wie war deine Motivation bezüglich der Aufgabenstellung?
Gut, denn es war irgendwie cool.

Hast du etwas bei der Bearbeitung der Aufgabe gelernt?
Ja, selbstverständlich.

Hast du etwas für deine persönliche Zukunft bei der Aufgabenbearbeitung gelernt?

Ja, denn ich versuche immer etwas für meine Zukunft zu lernen.

Hast du Verbesserungsvorschläge?
Das Lernen sollte generell mehr Spaß machen und nicht ur Frontalunterricht sein.

Darf ich deine Aussagen für meine Studie verwenden?
Ja.

Studierender 10

Erledigst du deine Hausaufgaben normalerweise mit dem Computer?
Immer wenn es möglich ist.

Verwendest du Web 2.0 Tools wie Wikis, Blogs, Netzwerke? Wozu verwendest du sie?
Ja, vor allem um Informationen zu sammeln.

Werden die Anwendungen auch genutzt um Gruppenaufgaben zu lösen?
Gelegentlich, aber nicht wirklich oft.

Hattest du vor der Aufgabe schon einen persönlichen Bezug zum Thema?
Nein, nicht wirklich.

Hast du dich bei der Bearbeitung der Aufgabe wohl gefühlt?
Ja, denn ich kann wieder was Neues lernen.

Hat dich die Anwendung für die Erstellung der Aufgabe angesprochen?
Ja.

Wurde dir verständlich vermittelt was die Aufgabe ist?
Mehr oder weniger.

Wie beurteilst du deinen Lernprozess anhand dieser Aufgabe?
Gut.

Was war für dich wichtig oder neu?
Ich glaube diese Art Übungen zu machen ist sehr wichtig. Es ist gleichzeitiges Lernen, einerseits der Sprache und andererseits das Kennen lernen neuer Möglichkeiten und Anwendungen.

Was hat deine Lernenergie freigesetzt?
Ich wollte die Aufgabe gut erledigen und nicht nur schnell.

Was hat dich behindert?
Nichts.

Was hat dich bei der Aufgabenbearbeitung beeinflusst?
Hauptsächlich mein Interesse an der neuen Art eine Übung zu machen.

Wie empfandst du die Zusammenarbeit mit den anderen Studenten?
Sehr gut, denn gemeinsam ist es doch leichter und besser.

Gab es Störungen bei der Bearbeitung der Aufgabe? Wenn ja, wie wurden sie gelöst?
Nein, nicht wirklich.

Wurde deine Arbeit anerkannt?
Ja, und darüber habe ich mich sehr gefreut.

Wie gefällt dir die Arbeit der anderen? Woran machst du das fest?
Ja, sehr sogar. Mir haben deren Ideen gefallen und auch die Art und Weise wie sie sich ausgedrückt haben.

Wie gefällt dir das Gruppenresultat? Woran machst du das fest?
Sehr gut. Es ist einfach schön ein gemeinsames Werk zu erschaffen und seinen eigenen Teil dazu beizutragen.

Würde dir eine andere Anwendung besser gefallen? Wenn ja, welche?
Nein, ich glaube für diese Aufgabenstellung war diese Anwendung perfekt.

Hat dich etwas an der Anwendung gestört? Wenn ja, was?
Nein.

War die Aufgabe für dich persönlich bedeutsam?
Ja, das war sie. Ich habe es nicht als Aufgabe gesehen, sondern eher als Möglichkeit.

Hast du die gestellte Aufgabe eigenverantwortlich bearbeitet?
Ja, selbstverständlich.

Wie war deine Motivation bezüglich der Aufgabenstellung?
Sehr gut, denn ich freue mich immer wenn ich neue Anwendungen ausprobieren kann.

Hast du etwas bei der Bearbeitung der Aufgabe gelernt?
Ja, es war gut für meine Sprachkenntnisse und auch für meine Computerkenntnisse.

Hast du etwas für deine persönliche Zukunft bei der Aufgaben-

bearbeitung gelernt?

Ja, ich möchte wieder solche Übungen durchführen. Gut wären verschiedene Anwendungen, da ich viele kennen lernen möchte.

Hast du Verbesserungsvorschläge?

Für diese Anwendung gar keine, aber für den weiteren Unterricht würde ich gerne mehr in diese Richtung an den Übungen arbeiten können.

Darf ich deine Aussagen für meine Studie verwenden?

Ja, selbstverständlich, wenn sie nützlich für dich sind.

Studierender 11

Erledigst du deine Hausaufgaben normalerweise mit dem Computer?
Ja, immer.

Verwendest du Web 2.0 Tools wie Wikis, Blogs, Netzwerke? Wozu verwendest du sie?
Manchmal verwende ich Blogs und gelegentlich auch Twitter. Ich verwende diese um Informationen auszutauschen.

Werden die Anwendungen auch genutzt um Gruppenaufgaben zu lösen?
Ja, aber bis jetzt erst einmal. Damals mussten wir ein Video machen.

Hattest du vor der Aufgabe schon einen persönlichen Bezug zum Thema?
Ja, aber es war eher mein Interesse an den Wikis als an der Poesie.

Hast du dich bei der Bearbeitung der Aufgabe wohl gefühlt?
Ja sehr. Ich will immer Neues lernen und entdecken. Vor allem aber einfache Methoden und Wege, die zu einem guten Ergebnis führen.

Hat dich die Anwendung für die Erstellung der Aufgabe angesprochen?
Ja, denn sie ist interessant und gut strukturiert.

Wurde dir verständlich vermittelt was die Aufgabe ist?
Ja, alles war mir verständlich.

Wie beurteilst du deinen Lernprozess anhand dieser Aufgabe?
Ich konnte meine Erinnerungen einsetzten. Diese Art von Übungen geben mit die Möglichkeit um meine Fähigkeiten zu verbessern und damit auch meine Umgebung.

Was war für dich wichtig oder neu?
Wichtig ist für mich auch diese Anwendungen kennen zu lernen, denn wenn ich einmal Lehrer bin, möchte ich nicht nur frontal unterrichten.

Was hat deine Lernenergie freigesetzt?
Der Fakt dass ich mit dem Computer arbeiten konnte und mit einer benutzerfreundlichen Anwendung meine Übung erledigen konnte.

Was hat dich behindert?

Die Zeit, denn in den meisten Fällen sollte man viel Zeit haben solch eine Übung gut zu erledigen.

Was hat dich bei der Aufgabenbearbeitung beeinflusst?
Die Möglichkeit, etwas Neues, Interessantes zu lernen.

Wie empfandst du die Zusammenarbeit mit den anderen Studenten?
Sehr gut, ich denke Zusammenarbeiten sind sehr wichtig. Man kann sich gegenseitig motivieren und helfen.

Gab es Störungen bei der Bearbeitung der Aufgabe? Wenn ja, wie wurden sie gelöst?
Möglicherweise, da wir derzeit am Semesterende stehen und nicht wirklich viel Zeit hatten. Aber das war eine Einteilungssache.

Wurde deine Arbeit anerkannt?
Das kann ich jetzt noch nicht sagen.

Wie gefällt dir die Arbeit der anderen? Woran machst du das fest?
Auf den ersten Blick ganz gut.

Wie gefällt dir das Gruppenresultat? Woran machst du das fest?
Hier kann ich mit gutem Gewissen ja sagen. Denn es toll dass wir es doch noch geschafft haben und alle sich daran beteiligt haben.

Würde dir eine andere Anwendung besser gefallen? Wenn ja, welche?
Diese Anwendung war toll für diese Art von Arbeit.

Hat dich etwas an der Anwendung gestört? Wenn ja, was?
Nein, gar nichts.

War die Aufgabe für dich persönlich bedeutsam?
Ja, denn ich will ja einen guten Abschluss.

Hast du die gestellte Aufgabe eigenverantwortlich bearbeitet?
Ja.

Wie war deine Motivation bezüglich der Aufgabenstellung?
Für mich war es eine gute Möglichkeit eine neue Anwendung näher kennen zu lernen und somit war ich von vornhinein begeistert.

Hast du etwas bei der Bearbeitung der Aufgabe gelernt?
Ja, sprachlich gesehen und auch für mein Computerverständnis.

**Hast du etwas für deine persönliche Zukunft bei der Aufgaben-
bearbeitung gelernt?**
Ja, dass ich gerne weiterhin mit solchen Anwendungen arbeiten würde.

Hast du Verbesserungsvorschläge?
Diese Art von Übungen über einen längeren Zeitraum zu verwenden und
nicht nur diese Anwendung. Ich würde gerne mehr kennen lernen.

Darf ich deine Aussagen für meine Studie verwenden?
Ja.

Studierender 12

Erledigst du deine Hausaufgaben normalerweise mit dem Computer?
Manchmal, aber nicht immer.

Verwendest du Web 2.0 Tools wie Wikis, Blogs, Netzwerke? Wozu verwendest du sie?
Ja, aber eigentlich nur um Informationen zu sammeln. Selbst beteilige ich mich nur bei Facebook.

Werden die Anwendungen auch genutzt um Gruppenaufgaben zu lösen?
Manchmal, aber nicht wirklich oft.

Hattest du vor der Aufgabe schon einen persönlichen Bezug zum Thema?
Ja, denn ich liebe Poesie. Ich schreibe oft Gedichte, aber bisher leider nur auf Spanisch.

Hast du dich bei der Bearbeitung der Aufgabe wohl gefühlt?
Ja, sehr sogar, denn wie gesagt liebe ich Gedichte.

Hat dich die Anwendung für die Erstellung der Aufgabe angesprochen?
Ja, vor allem weil ich auch die Gedanken der Anderen lesen konnte.

Wurde dir verständlich vermittelt was die Aufgabe ist?
Ja, für mich persönlich war alles klar und verständlich.

Wie beurteilst du deinen Lernprozess anhand dieser Aufgabe?
Sehr gut, denn ich habe mein erstes Gedicht auf Englisch verfasst.

Was war für dich wichtig oder neu?
Diese Art eine Übung zu lösen war komplett neu für mich.

Was hat deine Lernenergie freigesetzt?
Ein Gedicht auf Englisch zu schreiben. Für mich war das eine sehr große Herausforderung.

Was hat dich behindert?
Nichts.

Was hat dich bei der Aufgabenbearbeitung beeinflusst?

Ich wollte ein gutes Ergebnis liefern. Ich wollte das die Gruppe gut ist.

Wie empfandst du die Zusammenarbeit mit den anderen Studenten?
Angenehm, denn ich fühlte mich bei der Bearbeitung der Aufgabe nicht alleine. Ich wusste wenn ich Fragen habe oder Hilfe benötige stehe ich nicht alleine da.

Gab es Störungen bei der Bearbeitung der Aufgabe? Wenn ja, wie wurden sie gelöst?
Nein, ich glaube es gab keine Probleme.

Wurde deine Arbeit anerkannt?
Ja, ich denke schon. Bis jetzt hat sich noch niemand negativ geäußert.

Wie gefällt dir die Arbeit der anderen? Woran machst du das fest?
Gut, obwohl ich glaube, dass der Eine oder Andere doch etwas mehr investieren hätte können.

Wie gefällt dir das Gruppenresultat? Woran machst du das fest?
Das Gruppenresultat gefällt mir sehr gut. Es ist schön eine gemeinschaftliche Arbeit vollendet zu haben. Ich fühle mich gut, denn ich war daran beteiligt.

Würde dir eine andere Anwendung besser gefallen? Wenn ja, welche?
Nein, ich glaube diese Anwendung deckt alle Anforderungen perfekt ab.

Hat dich etwas an der Anwendung gestört? Wenn ja, was?
Nein, gar nichts.

War die Aufgabe für dich persönlich bedeutsam?
Ja, denn ich liebe Poesie.

Hast du die gestellte Aufgabe eigenverantwortlich bearbeitet?
Ja, ganz eigenverantwortlich.

Wie war deine Motivation bezüglich der Aufgabenstellung?
Sehr hoch, da ich ja Poesie liebe.

Hast du etwas bei der Bearbeitung der Aufgabe gelernt?
Ja, Gedichte auf Englisch zu schreiben.

Hast du etwas für deine persönliche Zukunft bei der Aufgaben-

bearbeitung gelernt?

Ich denke schon, denn die Gruppenarbeit war ein Erfolg und es war ein gutes Gefühl etwas gemeinsam zu schaffen. Ich habe gelernt, dass ich mich in Gruppenarbeiten sehr wohl fühle.

Hast du Verbesserungsvorschläge?

Nein, derzeit keine.

Darf ich deine Aussagen für meine Studie verwenden?

Selbstverständlich.

Studierender 13

Erledigst du deine Hausaufgaben normalerweise mit dem Computer?
Wenn es möglich ist auf jeden Fall.

Verwendest du Web 2.0 Tools wie Wikis, Blogs, Netzwerke? Wozu verwendest du sie?
Ja vor allem Wikipedia zur Informationssuche und Netzwerke um mit meinen Freunden in Kontakt zu bleiben. Ich finde Facebook super, egal wie weit man entfernt ist, man kann immer Kontakt halten.

Werden die Anwendungen auch genutzt um Gruppenaufgaben zu lösen?
Bis jetzt eigentlich nicht.

Hattest du vor der Aufgabe schon einen persönlichen Bezug zum Thema?
Nein, nicht wirklich.

Hast du dich bei der Bearbeitung der Aufgabe wohl gefühlt?
Ja, denn ich mag die Englische Sprache sehr.

Hat dich die Anwendung für die Erstellung der Aufgabe angesprochen?
Ja, denn sie war sehr einfach gehalten.

Wurde dir verständlich vermittelt was die Aufgabe ist?
Für mich war alles klar und einfach.

Wie beurteilst du deinen Lernprozess anhand dieser Aufgabe?
Gut, vor allem weil ich mehr als nur etwas für die Sprache gelernt habe.

Was war für dich wichtig oder neu?
Diese Art von Übung war neu für mich. Aber ich finde es eine tolle Erfahrung eine Übung auf diese Art zu lösen.

Was hat deine Lernenergie freigesetzt?
Die Gruppenarbeit hat es mir angetan. Ich wollte das wir gut sind.

Was hat dich behindert?
Gar nichts.

Was hat dich bei der Aufgabenbearbeitung beeinflusst?

Die Aussicht auf ein gutes Ergebnis.

Wie empfandst du die Zusammenarbeit mit den anderen Studenten?
Toll. Ich arbeite gerne mit anderen zusammen.

Gab es Störungen bei der Bearbeitung der Aufgabe? Wenn ja, wie wurden sie gelöst?
Nein, ich kann mich an keine Störungen erinnern.

Wurde deine Arbeit anerkannt?
Ja, ich habe sogar ein Lob von meinem Lehrer erhalten, worüber ich mich sehr freue.

Wie gefällt dir die Arbeit der anderen? Woran machst du das fest?
Die Arbeit der Anderen war auch sehr gut. Vor allem gefällt mir, dass wir alle gleichberechtigt waren und somit keine Streitereien entstanden sind.

Wie gefällt dir das Gruppenresultat? Woran machst du das fest?
Eine tolle Sache, denn jetzt kann jeder unsere Gedichte lesen.

Würde dir eine andere Anwendung besser gefallen? Wenn ja, welche?
Nein, ich denke für diese Übung war die Anwendung sehr gut gewählt.

Hat dich etwas an der Anwendung gestört? Wenn ja, was?
Nein, gar nichts.

War die Aufgabe für dich persönlich bedeutsam?
Ja, ich denke schon. Ich mochte die Gruppenarbeit, das Ergebnis und den Weg dorthin.

Hast du die gestellte Aufgabe eigenverantwortlich bearbeitet?
Ja.

Wie war deine Motivation bezüglich der Aufgabenstellung?
Sehr gut, denn ich wollte ein gutes Resultat.

Hast du etwas bei der Bearbeitung der Aufgabe gelernt?
Ja, den Umgang mit der Anwendung und neue Wörter der englischen Sprache.

Hast du etwas für deine persönliche Zukunft bei der Aufgaben-

bearbeitung gelernt?
Ich will mehr Gruppenarbeiten, und ich denke dass mit diesen Anwendungen dass auch außerhalb des Unterrichts möglich sein könnte.

Hast du Verbesserungsvorschläge?
Mehr Übungen mit diesen Anwendungen zu erledigen fände ich toll.

Darf ich deine Aussagen für meine Studie verwenden?
Ja.

Studierender 14

Erledigst du deine Hausaufgaben normalerweise mit dem Computer?
Ja, zumindest versuche ich es.

Verwendest du Web 2.0 Tools wie Wikis, Blogs, Netzwerke? Wozu verwendest du sie?
Ja, aber nur zur Informationssuche.

Werden die Anwendungen auch genutzt um Gruppenaufgaben zu lösen?
Nein, ich denke nicht.

Hattest du vor der Aufgabe schon einen persönlichen Bezug zum Thema?
Nein, ich interessiere mich nicht für Poesie.

Hast du dich bei der Bearbeitung der Aufgabe wohl gefühlt?
Ich habe mich wie bei jeder anderen Übung gefühlt. Ich würde das Gefühl eher als normal beschreiben.

Hat dich die Anwendung für die Erstellung der Aufgabe angesprochen?
Ja, es war alles einfach strukturiert und leicht in der Handhabung.

Wurde dir verständlich vermittelt was die Aufgabe ist?
Ja, ich hatte keine Fragen.

Wie beurteilst du deinen Lernprozess anhand dieser Aufgabe?
Ich denke die Kombination Englisch mit einer Anwendung zu erarbeiten ist sehr gut.

Was war für dich wichtig oder neu?
Neu war für mich diese Anwendung. Bisher habe ich noch nie mit einem Wiki gearbeitet.

Was hat deine Lernenergie freigesetzt?
Ich wollte die Aufgabe gut lösen.

Was hat dich behindert?
Nichts.

Was hat dich bei der Aufgabenbearbeitung beeinflusst?

Meine Note.

Wie empfandst du die Zusammenarbeit mit den anderen Studenten?
Gut, denn alle haben gearbeitet. Manchmal passiert es in der Klasse, dass immer nur die gleichen Personen wirklich arbeiten und die anderen passiv sind.

Gab es Störungen bei der Bearbeitung der Aufgabe? Wenn ja, wie wurden sie gelöst?
Nein, gar keine.

Wurde deine Arbeit anerkannt?
Ich denke schon.

Wie gefällt dir die Arbeit der anderen? Woran machst du das fest?
Gut, denn als die Ersten die Aufgabe erledigt hatten konnte ich Ideen von deren Teilen sammeln.

Wie gefällt dir das Gruppenresultat? Woran machst du das fest?
Gut, denn es ist schön eine Aufgabe länger zugänglich zu haben. In der Klasse machen wir etwas und danach kann man nicht mehr darauf zugreifen.

Würde dir eine andere Anwendung besser gefallen? Wenn ja, welche?
Nein, die Anwendung war toll. Vor allem auch dass man sich mit seinem Facebook Passwort anmelden konnte.

Hat dich etwas an der Anwendung gestört? Wenn ja, was?
Gar nichts. Vielleicht sollten etwas mehr Bilder vorhanden sein.

War die Aufgabe für dich persönlich bedeutsam?
Ja, ich war sehr interessiert an der Aufgabe. Weniger an der Poesie, aber an der Arbeit mit dem Computer.

Hast du die gestellte Aufgabe eigenverantwortlich bearbeitet?
Selbstverständlich.

Wie war deine Motivation bezüglich der Aufgabenstellung?
Sehr gut, da ich immer wieder gerne etwas Neues lerne.

Hast du etwas bei der Bearbeitung der Aufgabe gelernt?
Ja. Ein englisches Gedicht zu verfassen und dabei auch noch den Umgang

mit einem Wiki zu probieren.

Hast du etwas für deine persönliche Zukunft bei der Aufgaben-bearbeitung gelernt?
Ja und deshalb will ich mich auch mehr in diese Richtung von Anwendungen informieren.

Hast du Verbesserungsvorschläge?
Nein.

Darf ich deine Aussagen für meine Studie verwenden?
Selbstverständlich.

Studierender 15

Erledigst du deine Hausaufgaben normalerweise mit dem Computer?
Wenn sich die Hausaufgabe in irgendeiner Weise mit dem Computer lösen lässt auf alle Fälle.

Verwendest du Web 2.0 Tools wie Wikis, Blogs, Netzwerke? Wozu verwendest du sie?
Ja, vor allem Netzwerke um mit Freunden in Kontakt zu sein und Wikipedia für die Informationssuche.

Werden die Anwendungen auch genutzt um Gruppenaufgaben zu lösen?
Manchmal. Dass kommt aber ganz auf den Lehrer drauf an. Meistens sind die Aufgaben einzeln zu erledigen.

Hattest du vor der Aufgabe schon einen persönlichen Bezug zum Thema?
Ja, denn ich interessiere mich für Poesie.

Hast du dich bei der Bearbeitung der Aufgabe wohl gefühlt?
Ja, aber ich hatte so meine Schwierigkeiten mit der Englischen Poesie.

Hat dich die Anwendung für die Erstellung der Aufgabe angesprochen?
Ja, ich finde die Anwendung gut gewählt.

Wurde dir verständlich vermittelt was die Aufgabe ist?
Ja, für mich war alles klar.

Wie beurteilst du deinen Lernprozess anhand dieser Aufgabe?
Mittel. Ich habe zwar etwas gelernt, aber ich würde eher sagen der Lernerfolg war in Bezug auf den Computer und nicht in Bezug auf Englisch.

Was war für dich wichtig oder neu?
Neu war für mich eine Arbeit in einem Wiki zu erledigen.

Was hat deine Lernenergie freigesetzt?
Ich wollte ein gutes Ergebnis haben.

Was hat dich behindert?
Gar nichts.

Was hat dich bei der Aufgabenbearbeitung beeinflusst?
Die Zeit, da jetzt bei uns Semesterabschluss ist, ist es etwas stressig. Ich glaube solche Versuche währen zu Semesteranfang etwas besser.

Wie empfandst du die Zusammenarbeit mit den anderen Studenten?
Sehr gut, denn ich arbeite gerne mit den Anderen zusammen.

Gab es Störungen bei der Bearbeitung der Aufgabe? Wenn ja, wie wurden sie gelöst?
Nein, es gab keine Störungen.

Wurde deine Arbeit anerkannt?
Ich denke schon.

Wie gefällt dir die Arbeit der anderen? Woran machst du das fest?
Ja, sie gefällt mir. Für mich war es schön andere Gedichte zu lesen, ich wollte nicht der Erste sein.

Wie gefällt dir das Gruppenresultat? Woran machst du das fest?
Sehr gut. Ich finde das Ergebnis toll. Man kann endlich alle Übungen sehen und nicht nur die Eigene.

Würde dir eine andere Anwendung besser gefallen? Wenn ja, welche?
Nein, die Anwendung war für diesen Zweck vollkommen in Ordnung.

Hat dich etwas an der Anwendung gestört? Wenn ja, was?
Nein, gar nichts.

War die Aufgabe für dich persönlich bedeutsam?
Ja ich denke schon, da ich ja an Poesie interessiert bin. Ich fühlte mich wohl bei der Bearbeitung der Aufgabe.

Hast du die gestellte Aufgabe eigenverantwortlich bearbeitet?
Selbstverständlich. Ich mache jede Übung eigenverantwortlich.

Wie war deine Motivation bezüglich der Aufgabenstellung?
Meine Motivation war gut. Erst war ich noch etwas zurückhaltend, aber als ich dann die anderen Gedichte gesehen habe hat mich das sehr motiviert auch meinen Beitrag zu leisten.

Hast du etwas bei der Bearbeitung der Aufgabe gelernt?

Ja, das wir eine Gruppe sind und gemeinsam viel mehr erreichen können als jeder einzeln.

Hast du etwas für deine persönliche Zukunft bei der Aufgabenbearbeitung gelernt?
Ja, eine Gruppe ist sehr stark und ich werde versuchen auch in meinen Unterricht mehr Gruppenarbeiten einfließen zu lassen.

Hast du Verbesserungsvorschläge?
Nein gar nicht.

Darf ich deine Aussagen für meine Studie verwenden?
Immer doch.

Studierender 16

Erledigst du deine Hausaufgaben normalerweise mit dem Computer?
Ja, zumindest versuche ich es.

Verwendest du Web 2.0 Tools wie Wikis, Blogs, Netzwerke? Wozu verwendest du sie?
Ich glaub jeder der einen Computer besitzt nutzt Wikipedia zur Informationssuche. Netzwerke finde ich auch sehr interessant. Ich verwende vor allem Facebook, denn da habe ich die meisten Freunde.

Werden die Anwendungen auch genutzt um Gruppenaufgaben zu lösen?
Nicht dass ich mich daran erinnern könnte.

Hattest du vor der Aufgabe schon einen persönlichen Bezug zum Thema?
Nein, eigentlich gar nicht.

Hast du dich bei der Bearbeitung der Aufgabe wohl gefühlt?
Ja, ich fühle mich meistens wohl bei Aufgaben, außer es ist ein mündliches Examen.

Hat dich die Anwendung für die Erstellung der Aufgabe angesprochen?
Die Anwendung fand ich interessant. Ich überlege schon, ob ich nicht selber meine ganzen Übungen einstellen werde, denn damit hätte ich immer darauf Zugriff.

Wurde dir verständlich vermittelt was die Aufgabe ist?
Ja, denn die Einführung war sehr gut.

Wie beurteilst du deinen Lernprozess anhand dieser Aufgabe?
Ich glaube mein Lernprozess war zufrieden stellend. Ich habe gelernt mit einem Wiki umzugehen und dann habe ich auch noch etwas für Englisch getan.

Was war für dich wichtig oder neu?
Neu war für mich diese Art von Anwendungen. Ich meine, ich kenne schon selche Anwendungen, aber für die Universität haben wir sie noch nicht wirklich genutzt.

Was hat deine Lernenergie freigesetzt?
Ich wollte ein gutes Ergebnis erreichen.

Was hat dich behindert?
Nichts.

Was hat dich bei der Aufgabenbearbeitung beeinflusst?
Das Ziel. Ich bin erst mit etwas zufrieden, wenn ich wirklich alles gegeben habe.

Wie empfandst du die Zusammenarbeit mit den anderen Studenten?
Normal.

Gab es Störungen bei der Bearbeitung der Aufgabe? Wenn ja, wie wurden sie gelöst?
Ich kann mich an keine Störungen erinnern.

Wurde deine Arbeit anerkannt?
Ja, ich habe sogar anerkennende Worte von meinen Kollegen bekommen, worüber ich mich sehr gefreut habe.

Wie gefällt dir die Arbeit der anderen? Woran machst du das fest?
Die Arbeit der anderen gefällt mir gut. Ich finde es bemerkenswert, dass wirklich alle Studenten daran teilgenommen haben und nicht nur immer die gleichen die Aufgaben lösen.

Wie gefällt dir das Gruppenresultat? Woran machst du das fest?
Gut, denn wir haben es gemeinsam erschaffen.

Würde dir eine andere Anwendung besser gefallen? Wenn ja, welche?
Nein, die Anwendung war völlig in Ordnung.

Hat dich etwas an der Anwendung gestört? Wenn ja, was?
Gar nichts.

War die Aufgabe für dich persönlich bedeutsam?
Ja, auf alle Fälle. Ich liebe es mit meinen Kollegen zu arbeiten und dann auch noch dazu mit dem Computer.

Hast du die gestellte Aufgabe eigenverantwortlich bearbeitet?
Ich habe im Vorhinein mit meinen Kollegen darüber gesprochen, aber das Gedicht habe ich alleine erstellt.

Wie war deine Motivation bezüglich der Aufgabenstellung?
Meine Motivation war gut. Ich mag diese Art von Aufgaben, denn sie bringen Abwechslung in den normalen Alltag.

Hast du etwas bei der Bearbeitung der Aufgabe gelernt?
Ja, den Umgang mit der englischen Poesie und den Umgang mit einem Wiki.

Hast du etwas für deine persönliche Zukunft bei der Aufgabenbearbeitung gelernt?
Ich denke, dass man die Arbeit von den Anderen akzeptieren sollte, auch wenn sie nicht perfekt ist, denn man will ja selber auch, dass die eigene Arbeit anerkannt wird.

Hast du Verbesserungsvorschläge?
Solche Aufgaben sollte mehr in den normalen Unterricht eingebunden werden um das Ganze etwas aufzulockern.

Darf ich deine Aussagen für meine Studie verwenden?
Selbstverständlich.

Studierender 17

Erledigst du deine Hausaufgaben normalerweise mit dem Computer?

Nur wenn es auch wirklich erforderlich ist, denn ich habe keinen eigenen Computer und muss immer in die Bibliothek oder in ein Internetcafe gehen.

Verwendest du Web 2.0 Tools wie Wikis, Blogs, Netzwerke? Wozu verwendest du sie?

Ich verwende nur Wikipedia für die Informationssuche. Wenn bei einem Suchergebnis ein Blog angezeigt wir, dann lese ich natürlich auch diese Informationen. Netzwerke verwende ich noch gar nicht, dass werde ich erst wirklich machen wenn ich einen Computer zu Hause habe.

Werden die Anwendungen auch genutzt um Gruppenaufgaben zu lösen?

Nein, ganz und gar nicht.

Hattest du vor der Aufgabe schon einen persönlichen Bezug zum Thema?

Ich lese sehr viele Bücher, wobei auch Gedichtbände dabei sind.

Hast du dich bei der Bearbeitung der Aufgabe wohl gefühlt?

Ja, schon. Nur hatte ich so meine Probleme mit dem Computer.

Hat dich die Anwendung für die Erstellung der Aufgabe angesprochen?

Die Anwendung fand ich etwas kompliziert, aber dass könnte auch an meiner fehlenden Erfahrung mit dem Computer liegen.

Wurde dir verständlich vermittelt was die Aufgabe ist?

Die Aufgabenstellung war sehr verständlich und auch die Anleitungen fand ich sehr hilfreich.

Wie beurteilst du deinen Lernprozess anhand dieser Aufgabe?

Ich habe wirklich viel gelernt, vor allem den Umgang mit dem Computer.

Was war für dich wichtig oder neu?

Für mich war es neu die Übungen mit dem Computer zu lösen, ich habe noch nicht wirklich etwas mit einem Wiki zu tun gehabt. Wenn ich bis jetzt ein Wiki gesehen habe, dann habe ich hauptsächlich Informationen darin gesucht.

Was hat deine Lernenergie freigesetzt?

Das Neue, Unbekannte.

Was hat dich behindert?
Meine geringen Vorkenntnisse in Sachen Computer.

Was hat dich bei der Aufgabenbearbeitung beeinflusst?
Mein Interesse daran es auch zu schaffen.

Wie empfandst du die Zusammenarbeit mit den anderen Studenten?
Die Zusammenarbeit empfand ich als sehr hilfreich. Meine Kollegen haben mir sehr bei dem Umgang mit dem Computer geholfen.

Gab es Störungen bei der Bearbeitung der Aufgabe? Wenn ja, wie wurden sie gelöst?
Ich hatte Probleme eine neue Seite anzulegen, deshalb habe ich meine Kollegen gefragt wie es geht. Diese haben mir sofort geholfen und ich konnte doch noch die Aufgabe lösen.

Wurde deine Arbeit anerkannt?
Ich denke schon, denn bis jetzt hat sich niemand negativ dazu geäußert.

Wie gefällt dir die Arbeit der anderen? Woran machst du das fest?
Ja die gefällt mir sehr gut, besser sogar als meine Eigene. Die Wörter und die Länge, ich hätte mir echt ein Beispiel daran nehmen sollen.

Wie gefällt dir das Gruppenresultat? Woran machst du das fest?
Das Gruppenresultat finde ich schön. Wir hatten noch nie die Möglichkeit auch die Arbeiten der Kollegen zu sehen. Diesmal war alles offen und ich habe mich als Teil gefühlt.

Würde dir eine andere Anwendung besser gefallen? Wenn ja, welche?
Das kann ich nicht beantworten, da ich keine anderen Anwendungen kenne, die solche Funktionen bieten.

Hat dich etwas an der Anwendung gestört? Wenn ja, was?
Nein.

War die Aufgabe für dich persönlich bedeutsam?
Ja, denn ich hatte großes Interesse die Bedienung eines Wikis zu lernen. Meine Freunde erzählen mir immer wie toll es ist einen eigenen Blog zu schreiben und auch in Facebook zu sein. Ich möchte dass auch.

Hast du die gestellte Aufgabe eigenverantwortlich bearbeitet?
Bis auf die Computerprobleme, ja.

Wie war deine Motivation bezüglich der Aufgabenstellung?
Meine Motivation war sehr gut, denn ich wollte es schaffen und nicht als völliger Verlierer dastehen.

Hast du etwas bei der Bearbeitung der Aufgabe gelernt?
Ich glaube ich habe am meisten von allen gelernt.

Hast du etwas für deine persönliche Zukunft bei der Aufgabenbearbeitung gelernt?
Ich sollte mich wirklich mehr mit dem Computer beschäftigen. Ich empfinde meine Unwissenheit wirklich als Defizit.

Hast du Verbesserungsvorschläge?
Wir sollten die Übungen öfters mit solchen Anwendungen erledigen. Somit würden wir alle mehr Erfahrungen sammeln.

Darf ich deine Aussagen für meine Studie verwenden?
Wenn sie hilfreich sind sehr gerne.

Studierender 18

Erledigst du deine Hausaufgaben normalerweise mit dem Computer?
Wenn es erforderlich ist schon.

Verwendest du Web 2.0 Tools wie Wikis, Blogs, Netzwerke? Wozu verwendest du sie?
Ja, aber nur gelegentlich. Wenn dann meistens nur zur Informationssuche.

Werden die Anwendungen auch genutzt um Gruppenaufgaben zu lösen?
Nein, nur um in Kontakt zu bleiben und Informationen zu sammeln.

Hattest du vor der Aufgabe schon einen persönlichen Bezug zum Thema?
Ja, denn meine Schwester hatte diese Aufgabe schon letztes Jahr. Mir hat damals ihr Gedicht sehr gefallen. Sie haben allerdings die Gedichte nur auf ein Blatt Papier geschrieben.

Hast du dich bei der Bearbeitung der Aufgabe wohl gefühlt?
Ich habe mich gut gefühlt.

Hat dich die Anwendung für die Erstellung der Aufgabe angesprochen?
Die Anwendung hat mir gut gefallen, vor allem weil sie so einfach gehalten ist. Die Anwendung kann vieles, aber sie ist nicht zu schwierig zu bedienen.

Wurde dir verständlich vermittelt was die Aufgabe ist?
Für mich war die Aufgabenstellung klar. Beruhigend empfand ich auch, dass wir jederzeit fragen konnten, falls etwas doch nicht klar war.

Wie beurteilst du deinen Lernprozess anhand dieser Aufgabe?
Mein Lernprozess war gut, ich würde sagen er war gleich wie beim normalen Unterricht, nur empfand ich es so etwas angenehmer und interessanter.

Was war für dich wichtig oder neu?
Die Art eine Hausübung mit dieser Anwendung zu lösen war für mich ganz neu.

Was hat deine Lernenergie freigesetzt?
Ich wollte ein Gedicht schreiben, dass genauso schön ist wie das Gedicht meiner Schwester.

Was hat dich behindert?
Gar nichts.

Was hat dich bei der Aufgabenbearbeitung beeinflusst?
Mein Gedanke ein besseres Gedicht zu schreiben, als es meine Schwester es getan hat.

Wie empfandst du die Zusammenarbeit mit den anderen Studenten?
Die Zusammenarbeit empfand ich als sehr angenehm.

Gab es Störungen bei der Bearbeitung der Aufgabe? Wenn ja, wie wurden sie gelöst?
Nein, denn wir sind ein super Team.

Wurde deine Arbeit anerkannt?
Ja auf alle Fälle, auch meiner Schwester hat es gefallen.

Wie gefällt dir die Arbeit der anderen? Woran machst du das fest?
Die Arbeit der Anderen ist ganz interessant. Ich konnte lesen über was sie so denken, denn meistens schreibt man ja in einem Gedicht die persönlichen Gedanken nieder.

Wie gefällt dir das Gruppenresultat? Woran machst du das fest?
Das Gruppenresultat gefällt mir sehr gut. Ich finde es interessant zu sehen, dass viele meiner Kollegen über Liebe geschrieben haben. Somit sehe ich dass wir doch alle Gefühle haben.

Würde dir eine andere Anwendung besser gefallen? Wenn ja, welche?
Nein, die Anwendung hat alle Ansprüche perfekt abgedeckt.

Hat dich etwas an der Anwendung gestört? Wenn ja, was?
Nein, gar nichts.

War die Aufgabe für dich persönlich bedeutsam?
Ja, denn ich wollte meine Schwester übertreffen. Sie ist immer in allem Besser als ich und diesmal wollte ich es ihr zeigen.

Hast du die gestellte Aufgabe eigenverantwortlich bearbeitet?
Ja.

Wie war deine Motivation bezüglich der Aufgabenstellung?

Wirklich sehr, sehr hoch.

Hast du etwas bei der Bearbeitung der Aufgabe gelernt?
Ja, dass Aufgaben auch Spaß machen können.

**Hast du etwas für deine persönliche Zukunft bei der Aufgaben-
bearbeitung gelernt?**
Ich sollte immer mein Bestes geben und bei Gruppenarbeiten nicht zu scheu
sein.

Hast du Verbesserungsvorschläge?
Nein.

Darf ich deine Aussagen für meine Studie verwenden?
Ja.

Studierender 19

Erledigst du deine Hausaufgaben normalerweise mit dem Computer?
Sobald ich eine Hausaufgabe habe stürze ich mich zuerst auf meinen Computer.

Verwendest du Web 2.0 Tools wie Wikis, Blogs, Netzwerke? Wozu verwendest du sie?
Ja ich verwende alles was ich kenne. Wikis, Blogs und Facebook. Für Informationssuche, für Informationsbereitstellung und für die Kontaktpflege.

Werden die Anwendungen auch genutzt um Gruppenaufgaben zu lösen?
Nicht für die Universität, aber für den privaten Gebrauch schon. Wenn ich zum Beispiel eine Umfrage starte, kann ich dass doch auch als Gruppenarbeit bezeichnen.

Hattest du vor der Aufgabe schon einen persönlichen Bezug zum Thema?
Da ich sehr gerne mit dem Computer arbeite, war mir diese Aufgabe sehr willkommen. Ich verbinde als meinen persönlichen Bezug eher zum Computer als zur Poesie.

Hast du dich bei der Bearbeitung der Aufgabe wohl gefühlt?
Ja, ich habe mich sehr wohl gefühlt.

Hat dich die Anwendung für die Erstellung der Aufgabe angesprochen?
Die Anwendung fand ich sehr interessant, vor allem weil man so viele Möglichkeiten hat.

Wurde dir verständlich vermittelt was die Aufgabe ist?
Ja, für mich war ab Anfang alles verständlich.

Wie beurteilst du deinen Lernprozess anhand dieser Aufgabe?
Das ist eine schwierige Frage, ich denke schon dass ich wieder etwas neues Gelernt habe.

Was war für dich wichtig oder neu?
Neu war für mich diese Art von Anwendungen im Unterricht zu nutzen.

Was hat deine Lernenergie freigesetzt?
Die interessante Umsetzung hat es mir angetan.

Was hat dich behindert?
Absolut gar nichts.

Was hat dich bei der Aufgabenbearbeitung beeinflusst?
Ich glaube meine Computersucht.

Wie empfandst du die Zusammenarbeit mit den anderen Studenten?
Die empfand ich angenehm. Ich denke es war für alle interessant diese Aufgabe mit dem Computer und mit einem Wiki zu lösen.

Gab es Störungen bei der Bearbeitung der Aufgabe? Wenn ja, wie wurden sie gelöst?
Keine Störungen, alles war wunderbar.

Wurde deine Arbeit anerkannt?
Ja, ich glaub mein Gedicht gefällt den Anderen sehr gut. Ich werde ein Poet.

Wie gefällt dir die Arbeit der anderen? Woran machst du das fest?
Meine Kollegen haben sich anscheinend angestrengt. Einige meiner Kollegen sind normalerweise sehr langsam bei der Bearbeitung einer Aufgabe oder erledigen sie zum Teil gar nicht.

Wie gefällt dir das Gruppenresultat? Woran machst du das fest?
Das Resultat gefällt mir sehr gut, denn wir haben es alle gemeinsam erschaffen. Jeder war daran beteiligt.

Würde dir eine andere Anwendung besser gefallen? Wenn ja, welche?
Nein, ich denke diese Anwendung war sehr gut gewählt. Sie hätte sogar noch weitere Funktionen geboten welche wir gar nicht genutzt haben.

Hat dich etwas an der Anwendung gestört? Wenn ja, was?
Nein, die Anwendung war gut gewählt.

War die Aufgabe für dich persönlich bedeutsam?
Sobald etwas mit dem Computer zu erledigen ist bin ich immer begeistert. Wenn man also meine Begeisterung auch als persönlich bedeutsam bezeichnen kann, dann war diese Aufgabe auf jeden fall persönlich bedeutsam für mich.

Hast du die gestellte Aufgabe eigenverantwortlich bearbeitet?

Ja.

Wie war deine Motivation bezüglich der Aufgabenstellung?
Sehr hoch. Ich liebe Computerarbeit. Ich denke schon, dass ich vielleicht
süchtig bin.

Hast du etwas bei der Bearbeitung der Aufgabe gelernt?
Ich habe eine neue interessante Anwendung kennen gelernt und konnte diese
auch einmal sinnvoll einsetzten. Es war einfach schön alles gleich erledigen
zu können, die Suche nach den Wörtern und sofort damit das Gedicht zu
schreiben.

**Hast du etwas für deine persönliche Zukunft bei der Aufgaben-
bearbeitung gelernt?**
Ich weiß nun, dass es mir sehr gefällt wenn das Angenehme mit dem Nütz-
lichen verbunden werden kann. Bei mir ist das Angenehme der Computer
und das Nützliche die englische Sprache.

Hast du Verbesserungsvorschläge?
Wir sollten öfters solche Aufgabenstellungen bekommen.

Darf ich deine Aussagen für meine Studie verwenden?
Natürlich.

Studierender 20

Erledigst du deine Hausaufgaben normalerweise mit dem Computer?
Wenn wir die Möglichkeit haben verwende ich den Computer.

Verwendest du Web 2.0 Tools wie Wikis, Blogs, Netzwerke? Wozu verwendest du sie?
Ich verwende vor allem Facebook um mit meinen Freunden in Kontakt zu bleiben.

Werden die Anwendungen auch genutzt um Gruppenaufgaben zu lösen?
Nicht wirklich.

Hattest du vor der Aufgabe schon einen persönlichen Bezug zum Thema?
Poesie ist interessant, aber ich habe mich bislang noch nicht damit beschäftigt.

Hast du dich bei der Bearbeitung der Aufgabe wohl gefühlt?
Ich habe mich wohler gefühlt als sonst in einem Unterricht.

Hat dich die Anwendung für die Erstellung der Aufgabe angesprochen?
Die Anwendung empfand ich als gut.

Wurde dir verständlich vermittelt was die Aufgabe ist?
Ja, die Aufgabe wurde sehr gut erklärt und dazu gab es auch noch eine Hilfestellung in der Anwendung selbst.

Wie beurteilst du deinen Lernprozess anhand dieser Aufgabe?
Ich denke mein Lernerfolg war gut. Ich habe etliche neue Wörter gelernt. Ich habe gelernt ein Gedicht zu schreiben und ich habe gelernt ein Wiki zu nutzen.

Was war für dich wichtig oder neu?
Neu war für mich die Übung mit dieser Anwendung zu lösen.

Was hat deine Lernenergie freigesetzt?
Ich wollte ein gutes Resultat erreichen.

Was hat dich behindert?
Nichts.

Was hat dich bei der Aufgabenbearbeitung beeinflusst?
Der Gedanke an meine Note.

Wie empfandst du die Zusammenarbeit mit den anderen Studenten?
Die Zusammenarbeit empfand ich als sehr gut. Ich arbeite gerne in der Gruppe. Wenn ich immer alles alleine machen muss fühle ich mich einsam.

Gab es Störungen bei der Bearbeitung der Aufgabe? Wenn ja, wie wurden sie gelöst?
Nein, es gab keine Störungen.

Wurde deine Arbeit anerkannt?
Meine Arbeit ist wahrscheinlich nicht gerade die Beste, aber ich habe keine negativen Worte darüber vernommen.

Wie gefällt dir die Arbeit der anderen? Woran machst du das fest?
Manche meiner Kollegen haben sich wirklich sehr angestrengt. Es sind wahre Poeten unter ihnen.

Wie gefällt dir das Gruppenresultat? Woran machst du das fest?
Das Resultat gefällt mir sehr gut, vor allem kann ich es jetzt auch meiner Familie daheim zeigen. Die glauben immer dass ich ein schlechter Student bin, aber somit werden sie sehen, dass ich genauso gut bin wie meine Kollegen.

Würde dir eine andere Anwendung besser gefallen? Wenn ja, welche?
Die Anwendung war für diese Aufgabe ausreichend.

Hat dich etwas an der Anwendung gestört? Wenn ja, was?
Nein, für mich war die Anwendung einfach und klar übersichtlich.

War die Aufgabe für dich persönlich bedeutsam?
Ja, denn ich Arbeite gerne in der Gruppe, arbeite gerne auf Englisch und arbeite auch gerne mit dem Computer. Für mich war diese Ausgangslage sehr angenehm.

Hast du die gestellte Aufgabe eigenverantwortlich bearbeitet?
Ja.

Wie war deine Motivation bezüglich der Aufgabenstellung?

Meine Motivation war sehr hoch. Eine andere Art Aufgaben zu lösen ist bei mir immer mit Motivation verbunden.

Hast du etwas bei der Bearbeitung der Aufgabe gelernt?
Ja, neue englische Wörter und die Nutzung eines Wikis.

Hast du etwas für deine persönliche Zukunft bei der Aufgaben-bearbeitung gelernt?
Ja, dass wir in der Gruppe stärker sind.

Hast du Verbesserungsvorschläge?
Nein.

Darf ich deine Aussagen für meine Studie verwenden?
Selbstverständlich.

Literaturverzeichnis

[1] Alby, T.: *Web 2.0. Konzepte, Anwendungen, Technologien.* HANSER VERLAG, München, Deutschland, 3. Aufl., 2008.

[2] Alpar, P., S. Blaschke und S. Keßler: *Web 2.0 - Neue erfolgreiche Kommunikationsstrategien für kleine und mittlere Unternehmen.* HA Hessen Agentur GmbH, Wiesbaden, Deutschland, 2007. http://www.hessen-media.de/mm/Band_57.pdf; abgerufen am: 10.05.2009.

[3] Anderson, P.: *What is Web 2.0? Ideas, technologies and implications for education.* Joint Information Systems Committee (JISC), Bristol, United Kingdom, 2007. abgerufen von: http://www.jisc.ac.uk/media/documents/techwatch/tsw0701b.pdf; abgerufen am: 21.04.2009.

[4] Buddrus, V.: *Humanistische Erziehungswissenschaft.* CD-ROM der Pädagogik. Schneider Verlag. Hohengehren, Deutschland, 1996.

[5] Cohn, R. C.: *Von der Psychoanalyse zur themenzentrierten Interaktion. Von der Behandlung Einzelner zu einer Pädagogik für alle.* Klett-Cotta /J.G. Cotta'sche Buchhandlung Nachflg., Stuttgart, Deutschland, 1975.

[6] Cohn, R. C.: *Es geht ums Anteilnehmen... Perspektiven der Persönlichkeitsentfaltung.* Herder Verlag GmbH, Freiburg i. Br., Deutschland, 1993.

[7] Cohn, R. C. und A. Farau: *Gelebte Geschichte der Psychotherapie. Zwei Perspektiven.* Klett-Cotta, Stuttgart, Deutschland, 1984.

[8] Cohn, R. C. und A. Farau: *Gelebte Geschichte der Psychotherapie. Zwei Perspektiven.* Klett-Cotta, Stuttgart, Deutschland, 3. Aufl., 1999.

[9] Dauber, H.: *Unterricht als schöpferisches und dramatisches Geschehen.* Universität Kassel, Kassel, Deutschland, 1996. abgerufen von: http://kobra.bibliothek.uni-kassel.de/handle/urn:nbn:de:hebis:34-2007042717856; abgerufen am: 21.04.2009.

[10] Gold, A., M. Imhof, K. Langfeldt, S. Preiser und E. Souvignier: *Schwerpunkte der Pädagogischen Psychologie.* Johann Wolfgang Goethe-Universität, Frankfurt am Main, Deutschland, 2001.

abgerufen von: http://www.uni-frankfurt.de/fb05/ifpp/ifpp_web/
dateien/Kompletreader.pdf; abgerufen am: 25.04.2009.

[11] Grenz, W.: *Die These der kommunikativen Kompetenz als Schlüsselqua-
lifikation in der Grundschule.* Dissertation, FernUniversität - Gesamt-
hochschule Hagen, Hagen, Deutschland, Dez. 2002. abgerufen von: http:
//deposit.fernuni-hagen.de/20; abgerufen am: 21.04.2009.

[12] Hobmair, H.: *Pädagogik: Lehr-/Fachbuch.* Bildungsverlag EINS, Trois-
dorf, Deutschland, 3. Aufl., 2002.

[13] Jenkins, H., K. Clinton, R. Purushotma, A. Roison und M. Weigel:
*Confronting the Challenges of Participatory Culture: Me-
dia Education for the 21th Century.* MacArthur The John
D. and Catherine T. MacArthur Foundation, Chicago, USA,
2006. abgerufen von: http://digitallearning.macfound.org/atf/cf/
%7B7E45C7E0-A3E0-4B89-AC9C-E807E1B0AE4E%7D/JENKINS_
WHITE_PAPER.PDF; abgerufen am: 05.05.2009.

[14] Jones, B. L.: *Web 2.0 Heroes: Interviews with 20 Web 2.0 Influencers.*
Wiley and Sons, Indianapolis, USA, 1. Aufl., 2008.

[15] Kurz, R.: *Exploration innovativer virtueller Lernräume im Internet
und die sich daraus ergebenden Impulse für die Ausbildung von Sozi-
alpädagoginnen und Sozialpädagogen.* Dissertation, Hochschule Darmstadt, Darmstadt, Deutschland, Juli 2006. abgerufen von: http://www.
femkom.de/raphael/Diplomarbeit_Raphael_Kurz.pdf; abgerufen am: 21.
04.2009.

[16] Langmaack, B.: *Einführung in die Themenzentrierte Interaktion TZI:
Leben rund ums Dreieck.* Beltz, Weinheim, Deutschland, 3. Aufl., 2004.

[17] Lemke, C., E. Coughlin und M. Group: *Leadership for Web
2.0 in Education: Promise and Reality.* The John D.
and Catherine T. MacArthur Foundation, Chicago, USA, 2009.
abgerufen von: http://www.cosn.org/Portals/7/docs/Web%202.0/
CoSN%20Report%20042809Final%20w-cover.pdf; abgerufen am: 05.05.
2009.

[18] Luca, R.: *Medienrezeption und Identitätsbildung. Persönlich bedeutsames Lernen im medienpädagogischen Kontext.* Kopaed, München,
Deutschland, 2004. abgerufen von: http://www.mediaculture-online.
de/fileadmin/bibliothek/luca_medienidentitaet/luca_medienidentitaet.
pdf; abgerufen am: 21.04.2009.

[19] Lytras, M. D., E. Damiani und P. O. de Pablos: *Web 2.0: The Business
Model.* Springer, New York, USA, 1. Aufl., 2008.

[20] McLoughlin, C.: *Social software and participatory learning: Pedagogical choices with technology affordances in the Web 2.0 era.* School of Education (ACT), Australia, 2007. http://www.ascilite.org.au/conferences/singapore07/procs/mcloughlin.pdf; abgerufen am: 10.05.2009.

[21] Merrill, D.: *First Principles of Instruction.* Utah State University, Utah, USA, 2001. abgerufen von: http://id2.usu.edu/Papers/5FirstPrinciples.PDF; abgerufen am: 25.04.2009.

[22] O'Reilly: *Web 2.0 Principles and Best Practices (O'Reilly Radar).* O'Reilly Media, California, USA, 2006.

[23] Padberg, S.: *Unterrichten mit und nach Themenzentrierter Interaktion(TZI).* Gesamtschule Rodenkirchen, Köln, Deutschland, 1998. abgerufen von: http://uk-online.uni-koeln.de/remarks/d3329/rm2143218.pdf; abgerufen am: 21.04.2009.

[24] Seufert, S. und T. Brahm: *„Ne(x)t Generation Learning": Wikis, Blogs, Mediacasts and Co. - Social Software und Personal Broadcasting auf der Spur.* Universität St. Gallen, St. Gallen, Schweiz, 2007. abgerufen von: http://www.scil.ch/fileadmin/Container/Leistungen/Veroeffentlichungen/2007-02-euler-seufert-next-generation-learning.pdf; abgerufen am: 05.05.2009.

[25] Willems, H.: *Weltweite Welten: Internet-Figurationen aus wissenssoziologischer Perspektive.* Vs Verlag, Wiesbaden, Deutschland, 1. Aufl., 2008.